선거법을
알 아 야
당 선 ☮
된   다

선거법을 알아야 당선된다

1쇄 인쇄	2022년 5월 2일
1쇄 발행	2022년 5월 9일
지은이	박웅희, 김지은, 김형근
총 괄	송준기
책임편집	윤소연
마케팅 총괄	임동건
마케팅	이혜연, 김미나, 이현아, 안보라, 한우리, 브루스
경영지원	이순미
펴낸곳	파지트
디자인	룸디
제작지원	플랜비디자인
출판등록	2021-000049 호
주 소	경기도 화성시 동탄원천로 354-28
전 화	031-8050-0508
팩 스	02-2179-8994
이메일	pazit.book@gmail.com
ISBN	979-11-92381-02-2 03360

선거법을 알아야 당선된다

박웅희, 김지은, 김형근 지음

P:AZIT

프롤로그

　민주주의를 지탱하는 가장 중요한 제도가 선거제도라는 것에 대하여 의문을 제기할 사람은 없다. 선거는 당연히 공정하게 진행되어야 하고, 그래야만 유권자인 국민들이 결과에 승복한다. 국민들은 공정한 선거가 되기 위해서는 무엇보다도 후보자들과 유권자들이 선거의 룰인 공직선거법을 지키면서 선거에 임하여야 한다는 것에 대부분 동의한다.

　그러나 선거에 임하는 후보들은 조금 다른 면이 있다. 후보들의 당면 과제는 선거에서의 당선이다. 후보들은 선거 운동을 하면서 당선되기 위해서 최선을 다하지만, 종종 공정한 선거의 마지막 보루인 공직선거법을 위반한다.

　공직선거법을 위반한 후보들은 당선이 된다고 하더라도 당선이 무효가 되는 경우가 있다. 또한 선거법을 위반한 경우에는 당선 여부를 불문하고 일정 기간 공무담임권이 제한되고, 공무담임권의 제한은 사실상 정치세계로부터 퇴출시키는 계기가 되기도 한다. 후보자들이 이런 위험을 감수하지 않기 위해서는 공직선거법을 숙지한 후 선거운동에 나설 필요가 있다.

필자들은 국회에 보좌진으로 근무하면서 공직선거법 위반으로 기소된 재판에서 변론을 준비하기도 했고, 국회의원 선거캠프나 서울시장 선거캠프에서 함께 선거운동을 하면서 선거법과 관련한 자문을 하기도 하였으며 정당에서 선거법 관련 강의를 하기도 하였다.

선거법과 관련된 일을 경험하면서 무엇보다 후보자들이나 선거관련자들이 공직선거법을 쉽게 이해할 수 있는 자료가 필요하다는 생각을 하게 되었다. 그러나 학문적 접근이나 수험서로서 접근하는 경우가 대부분이고 후보자들이 선거현장에서 쉽게 이용할 수 있는 해설서로 접근하는 경우는 찾아보기가 힘들다.

필자들은 후보자나 선거관계인들이 선거현장에서 공직선거법에 쉽게 접근을 하는데 도움이 되는 책을 집필하기로 의견을 모았다. 공직선거법은 내용이 너무 방대하여 모든 내용을 해설하는 것은 쉽지 않고, 더구나 선거법의 모든 내용을 다루는 것이 후보자나 선거관계인들에게 도움이 되는지에 대하여 많은 의문이 생겼다. 필자들은 고민 끝에 실제 선거운동에 도움이 되는 부분으로 범위를 좁혀 책을 쓰기로 결정을 하였다.

공직선거법의 기초개념과 선거운동에서 위반이 많이 발생하는 부분에 대하여 조문위주로 간략하게 살펴서 선거운동을 할 때 조심할 내용을 전반적으로 간략하게 설명을 하고자 하였다. 다만 중앙선거관리위원회가 각종 선거에서 가장 많이 고발 조치하고 수사의뢰 하는 허위사실공표죄와 기부행위금지위반죄에 대하여는 상술하기로 하였다.

허위사실공표죄 부분은 사례를 통하여 허위사실이 어떤 것인지 느낌을 잡도록 하고, 기부행위금지위반죄 부분은 복잡한 조문을 가능한 풀어서 설명을 해서 기부행위금지위반죄의 골격을 이해할 수 있도록 하는데 목표를 두고 집필을 하였다.

본서가 선거현장에 있는 독자들께 조금이라도 도움이 되기를 소망한다.

저자들을 대표하여

박웅희 변호사

목차

제2편 (김형근 변호사)
매수 및 이해유도죄

제3편 (김지은 변호사)
허위사실공표죄

제4편 (박웅희 변호사)
기부행위금지

"내일을 결정하는 선거현장의 룰"

제1편

총론

I
공직선거법상
주요 개념

1. 선거기간 및 선거운동기간

'선거기간'이란 ① 대통령선거의 경우 후보자등록 마감일의 다음 날부터 선거일까지 23일의 기간을 의미하고, ② 국회의원선거와 지방자치단체의 의회의원 및 장의 선거의 경우 후보자등록 마감일 후 6일부터 선거일까지 14일의 기간을 의미한다(제33조).

'선거운동기간'이란 선거운동을 할 수 있는 기간으로서 선거기간 개시일부터 선거일 전일까지 13일의 기간을 말한다(제59조). 선거기간과 선거운동기간은 모두 불변기간으로서 선거기간에는 선거일이 포함되고 선거운동기간에는 선거일이 포함되지 않는 점에서만 차이가 있다. 즉, 선거일 당일은 선거운동기간이 아니므로 선거운동을 할 수 없다.

후보자등록은 ① 대통령선거의 경우 선거일 전 24일, ② 국회원선거와 지방자치단체의 의회의원 및 장의 선거의 경우 선거일 전 20일부터 2일간 할 수 있다. 후보자로 등록하려는 자는 위 후보자등록기간 내에 관할선거구 선거관리위원회에 서면으로 신청하여야 한다(제49조 제1항).

이때 국회원선거와 지방자치단체의 의회의원 및 장의 선거의 경우, 후보자등록 마감일의 다음날부터 후보자등록 마감일 후 선거기간 개시일 전일까지 5일 동안은 선거기간이 아니다. 후보자로 등록한 자는 위 기간 동안 예비후보자를 겸하는 것으로 보고 예비후보자의 예에 따라 선거운동을 할 수 있다(제60조의2 제7항).

2. 후보자, 예비후보자, 후보자가 되고자 하는 자

'후보자'란 특정 선거에 관하여 관할선거구 선거관리위원회에 '후보자등록'을 마친 자를 의미한다. 후보자는 ① 정당의 당원으로서 정당의 추천을 받은 후보자인 '정당추천후보자'와 ② 정당의 당원이 아닌 자로서 선거권자의 추천을 받은 후보자인 '무소속후보자'로 나뉜다. 후보자로서의 신분은 공직선거법에서 정하는 요건을 갖추어 '후보자등록신청서가 접수된 때'부터 취득된다. 만약 후보자등록신청서를 제출하였으나, 요건을 갖추지 못하여 위 신청서가 수리되지 못한 경우라면 후보자가 되지 않는다. 위와 같이 취득한 후보자 신분은 후보자등록이 무효로 된 때(제52조), 후보자사퇴의 신고가 있는 때, 당해 선거가 끝난 뒤 선거관리위원회의 당선인 공고가 있는 때에 상실된다.

'예비후보자'란 '후보자가 되고자 하는 자'로서 관할선거구 선거관리위원회에 '예비후보자'로 등록한 자를 의미한다. 예비후보자 제도는 현역 국회의원 등이 선거운동기간 이전에도 사실상의 선거운동을 할 수 있어 정치 신인과의 형평성 문제가 발생하는 점을 보완하기 위한 제도로서, 예비후보자는 공직선거법이 정하는 범위 내에서 선거운동을 할 수 있다.

'후보자가 되고자 하는 자'란 아직 후보자등록을 하지 않았지만, '후보자가 될 의사를 가진 자'를 의미한다. 이때 '후보자가 될 의사'란 반드시 외부에 공표되거나 확정적 결의를 할 필요는 없고, 선거에 입후보할 의사를 가진 것을 예상할 수 있으면 충분하다.

대법원은 '후보자가 되고자 하는 자'에는 선거에 출마할 예정인 사람으로서 정당에 공천 신청을 하거나 일반 선거권자로부터 후보자 추천을 받기 위한 활동을 벌이는 등 입후보 의사가 확정적으로 외부에 표출된 사람뿐만 아니라, 그 신분·접촉대상·언행 등에 비추어 선거에 입후보할 의사를 가진 것을 객관적으로 인식할 수 있을 정도에 이른 사람도 포함된다(대법원 2013. 11. 14. 선고 2013도2190 판결)고 하면서, 당내 경선에서 사퇴할 의사를 명백히 한 경우 또는 직전 국회의원 선거에서 낙선 후 지역구 관리를 특별히 하지 않은 자 등에 대하여는 '후보자가 되고자 하는 자'에 해당하지 않는다고 판시하였다(대법원 2005. 12. 22. 선고 2004도7116 판결, 대법원 2008. 10. 23. 선고 2008도6776 판결). 반면 재임 제한이 없는 초선 지방의원이 불출마

의사를 외부에 밝힌 적이 없고, 해당 초선의원의 차기 지방의원 차기 재출마를 그 지역 선거구민 대부분이 예상할 수 있었던 경우에는 '후보자가 되고자 하는 자'에 해당할 수 있다(헌법재판소 1995. 3. 23.자 95헌마53 결정).

3. 선거운동

'선거운동'이란 특정 선거에서 특정인을 당선되거나, 되게 하거나, 되지 못하게 하기 위한 모든 행위를 말한다. 다만, 공직선거법은 다음 각 행위는 선거운동으로 보지 않는다(제58조 제1항 단서).

① 선거에 관한 단순한 의견개진 및 의사표시
② 입후보와 선거운동을 위한 준비행위
③ 정당의 후보자 추천에 관한 단순한 지지·반대의 의견개진 및 의사표시
④ 통상적인 정당활동
⑤ 설날·추석 등 명절 및 석가탄신일·기독탄신일 등에 하는 의례적인 인사말을 문자메시지(그림말·음성·화상·동영상 등을 포함)로 전송하는 행위

대법원은 '선거운동'이란 '특정 선거에서 특정 후보자의 당선 또는 낙선을 도모한다는 목적의사가 객관적으로 인정될 수 있는 행위'를 의미하고, 이에 해당하는지는 행위를 하는 주체 내부의 의사가 아니라 외부에 표시된 행위를 대상으로 객관적으로 판단해야 한다고 판시하였다(대법원

2016. 8. 26. 선고 2015도11812 판결). 이에 따르면 어떠한 행위가 당시의 상황에서 객관적으로 보아 특정 후보자의 당선 또는 낙선을 도모한다는 목적의사를 실현하려는 행위로 인정되지 않는다면, 그 행위는 행위자가 주관적으로 선거를 염두에 두고 있었다거나, 결과적으로 그 행위가 단순히 선거에 영향을 미친다거나 또는 당선이나 낙선을 도모하는 데 필요하거나 유리하다는 것만으로는 선거운동에 해당하지 않는다.

목적의사의 존재 여부는 일반적인 선거인의 관점에서 문제된 행위를 경험한 선거인이 행위 당시의 상황에서 그 행위자가 목적의사가 있음을 알 수 있는지를 중심으로 살펴보아야 한다. 예를 들어, 선거일에 가까운 시기에 이루어진 행위는 선거운동의 목적의사가 인정될 가능성이 높고, 반면 선거일에서 멀어질수록 그 목적의사를 인정하기 어려울 것이다. 나아가 비록 정치인의 일상적인 사회활동과 통상적인 정치활동에 인지도를 높이려는 목적이 있다고 하더라도, '특정 선거'를 위한 '당락 도모 목적의사'가 표시된 것으로 인정되지 않는다면 선거운동으로 볼 수 없다.

가. 선거운동의 개념표지

어떠한 행위가 선거운동에 해당하기 위해서는 그 행위가 ① 특정 선거에 관한 행위, ② 특정 정당(창당준비위원회를 포함)이나 특정 후보자(후보자가 되고자 하는 자를 포함)를 위한 행위, ③ 당선 또는 낙선을 위한 행위로서 자신이 당선되거나 다른 사람이 당선되게 하거나 낙선되게 하는 행위 등의 요건에 해당하여야 한다. 이러한 선거운동의 개념표지를 구체적으로 살펴보면 다음과 같다.

1) 특정한 선거에 관한 행위

선거운동은 특정한 선거에서 이루어지는 행위로서 선거운동에 해당하기 위해서는 그 행위의 대상이 되는 선거가 특정되어야 한다. 예를 들어, 선거에 대한 특정 없이 단순히 특정인에게 투표를 해달라는 행위는 선거운동에 해당하지 않는다. 그러나 선거에 대한 특정이 명시적으로 표시되지 않았더라도 행위 당시의 시기, 특정인의 과거경력 등에 비추어 선거인의 입장에서 특정인이 특정선거에 나올 것이라는 점을 알 수 있다면 선거가 특정되었다고 할 것이다.

2) 특정한 후보자를 위한 행위

선거운동은 특정한 후보자에 대한 것이어야 한다. '특정한 후보자'란 이미 입후보한 후보자는 물론 장래에 입후보하려고 하는 자도 포함된다. 장래에 입후보하려고 하는 자란 입후보할 것을 미리 정해 놓았으면 충분하고, 반드시 입후보하려는 결의까지 있어야 하는 것은 아니다. 예를 들어, 예비후보자로 등록한 자는 선거에 입후보할 의사를 외부에 명백하게 드러낸 것이므로, 후보자가 특정된 경우에 해당한다. 그러므로, 예비후보자 등록 후 예비후보자의 성명을 명시하여 "최선을 다하겠습니다. 허생 배상"과 같은 내용의 문자메시지를 전송하는 행위는 선거인의 입장에서 해당 예비후보자가 문자메시지를 통하여 자신의 당선을 도모하려는 목적의사가 있음을 쉽게 알 수 있으므로 선거운동에 해당한다.

3) 당선 또는 낙선의 목적의사

선거운동은 당선 또는 낙선의 목적의사가 있어야 한다. 선거운동의 목적의사에 따라 당선을 목적으로 하는 '당선운동'과, 낙선을 목적으로 하는 '낙선운동'으로 나눌 수 있다. 세부적으로는 낙선운동 중에서 자기의 당선을 위하여 경쟁 후보자의 낙선을 목적으로 하는 '후보자 측 낙선운동'과 당선의 목적 없이 특정 후보자의 낙선만을 목적으로 하는 '제3자 낙선운동'으로 구분할 수 있다.

당선 또는 낙선의 목적의사가 있는지를 판단할 때는 해당 행위로 인하여 실제 당선 또는 낙선이 될 가능성이 있는지, 그 행위가 직접적인지, 간접적인지 등은 고려하지 않는다. 다만, '간접적으로 당선 또는 낙선을 목적으로 하는 행위'는 선거운동 해당 여부를 판단하기 어려우므로, 행위자의 의사, 그 행위의 시기·내용·방법·대상·범위·태양 기타 사회의 모습 등을 종합적으로 고려하여 판단하여야 한다.

4) 선거운동의 상대방은 특정되어야 하는가

선거운동의 상대방, 즉 선거운동을 하는 대상이 특정인의 선거구 내 선거인으로 제한될 필요는 없고, 공직선거법 또한 이를 제한하는 규정을 두고 있지 않다. 즉, 당선 또는 낙선을 목적으로 하는 특정인의 선거구 밖에서 그러한 행위를 하였다고 하더라도 선거운동에 해당할 수 있다. 하급심 판례는 선거일에 투표소에서 15미터 떨어진 곳에서 '가'선거구민에게 '다'선거구 후보자를 찍어 달라고 한 경우에도 선거운동에 해당한다고 판단하였다(대구고등법원 2014. 11. 6. 선고 2014노463 판결).

5) 선거운동과 경선운동

선거운동과 경선운동은 서로 양립할 수 있으므로, 하나의 행위가 경선운동인 동시에 선거운동에 해당할 수 있다. 대법원은 "공직선거에 출마할 정당 추천 후보자를 선출하기 위한 당내 경선에서의 당선 또는 낙선을 위한 행위는 선거운동에 해당하지 않지만, 당내 경선에서 당선 또는 낙선을 위한 행위라는 구실로 실질적으로는 공직선거에서 당선 또는 낙선을 위한 행위를 하는 것으로 평가할 수 있는 예외적인 경우에 한하여 그 범위 내에서 선거운동으로 볼 수 있다"라고 판시하였다(대법원 2013. 5. 9. 선고 2012도12172 판결 등).

구체적으로 ① 해당 행위의 목적에 따라 자신이 경선에서 승리할 가능성이 높지 않은 것을 알고도 당내 경선에만 참여하는 자의 목적의사는 경선운동으로 볼 수 있다. 그러나 경선에서 승리할 가능성이 높은 자가 공식적 출마 선언을 한 이후의 행위 또는 출마를 위하여 공직을 사퇴하거나 예비후보에 등록한 이후의 행위는 선거운동에 해당할 수 있다. 또한 ② 행위의 시기나 장소가 당내 경선에만 국한되는 경우는 선거운동에 해당하지 않을 가능성이 크다. ③ 행위의 상대방과 관련하여 해당 행위가 경선선거인만을 대상으로 한 것일 경우 경선운동에 해당할 수 있지만, 일반 시민 또는 선거구민들을 상대로 이루어진 경우는 선거운동에 해당할 소지가 크다.

나. 선거운동이 아닌 행위

공직선거법의 규정(제58조 제1항 단서) 및 해석에 따르면 ① 선거에 관한 단순한 의견개진 및 의사표시, ② 입후보와 선거운동을 위한 준비행위, ③ 정당의 후보자 추천에 관한 단순한 지지·반대의 의견개진 및 의사표시, ④ 통상적인 정당활동, ⑤ 설날·추석 등 명절 및 석가탄신일·기독탄신일 등에 하는 의례적인 인사말을 문자메시지(그림말·음성·화상·동영상 등을 포함)로 전송하는 행위, ⑥ 투표참여를 권유하는 행위, ⑦ 직무 또는 업무상의 행위, ⑧ 의례적 또는 사교적 행위 등은 선거운동에 해당하지 않는다. 이를 구체적으로 살펴보면 다음과 같다.

1) 선거에 관한 단순한 의견개진 및 의사표시

공직선거법은 특정인의 당선 또는 낙선을 위한 목적의사 없이 단순히 선거에 관하여 의견을 개진하거나 의사를 표시하는 행위는 선거운동에 해당하지 않는다고 규정하고 있다(제58조 제1항 단서 제1호). 선거운동이 아닌 선거에 관한 단순한 의견개진 및 의사표시에 해당하는지 여부는 표면적으로 드러난 해당 행위의 모습으로 결정되는 것이 아니라, 그 행위의 모습·시기·방법·내용·대상 등을 종합적으로 고려하여 그 행위가 특정후보자의 당선 또는 낙선을 위한 목적의식을 가지고 이루어진 행위인지, 혹은 특정후보자의 득표를 위하여 직접·간접적으로 필요하고 유리한 행위에 해당되는가라는 실질적 판단에 의한다.

예를 들어, 특정 정당이나 특정 후보자의 정책 등에 관하여 자신의 생각을 말하는 단순한 의견의 개진이나 평소 친분이 있는 자에게 입후보의 사를 밝히거나 그들의 의견을 구하는 단순한 의사표시 등은 선거운동에 해당하지 않는다. 그러나 입후보예정자가 시국강연회 등을 개최하는 행위는 자신의 당선을 위한 목적의사가 있는 행위로서 선거운동에 해당할 것이다.

2) 입후보와 선거운동을 위한 준비행위

입후보등록을 위한 준비행위와 선거운동을 위한 준비행위는 장래의 선거운동을 위한 내부적·절차적 준비행위이므로 선거운동이 아니다(제58조 제1항 단서 제2호). 예를 들어, 후보자등록을 위하여 선거권자의 추천을 받을 때에 해당 입후보예정자의 경력 또는 공적을 구두로 알리거나 소개하는 행위, 공무원의 퇴직신청행위, 시정계획·성과 등에 대한 기자의 질의에 단순 답변하는 행위, 기탁금 마련행위 등의 입후보를 위한 준비행위 또는 선거사무장 등을 선임하기 위한 교섭행위, 선거운동용 자동차·확성장치 등의 임차행위, 선거벽보·소형인쇄물 등 선전물의 사전 제작행위, 연설문 작성행위 등의 선거운동을 위한 준비행위 등은 선거운동에 해당하지 아니한다. 다만, 입후보 또는 선거운동을 위한 준비행위의 목적이라고 하더라도 실질적으로 그 행위로써 특정인에 대한 지지를 호소하거나 지지 발언을 하는 경우는 선거운동에 해당할 여지가 있다.

3) 정당의 후보자 추천에 관한 단순한 지지·반대의 의견개진 및 의사표시

정당의 공천에 관하여 단순히 지지 또는 반대의 의견을 개진하거나 의사표시를 하는 것은 선거운동에 해당하지 않는다(제58조 제1항 단서 제3호).

예를 들어, 시민단체가 특정 후보자를 낙선대상자와 집중낙선대상자로 선정 발표하면서 이를 언론에 보도되도록 한 행위는 정당의 후보자 추천에 관한 반대의 의견개진 및 의사표시에 포함되므로 선거운동에 해당하지 않는다. 그러나 이를 넘어서 특정 후보자를 비방하는 내용의 가두행진, 불법 유인물 배포 등의 방법으로 낙선운동을 한 것은 선거운동에 해당한다(대법원 2002. 2. 26. 선고 2000수162 판결).

4) 통상적인 정당활동

정당이란 국민의 이익을 위하여 책임 있는 정치적 주장이나 정책을 추진하고, 공직선거의 후보자를 추천 또는 지지함으로써 국민의 정치적 의사형성에 참여하는 것을 목적으로 하는 국민의 자발적 조직이다(정당법 제2조). 이러한 정당이 그 목적 달성을 위하여 행하는 통상적인 정당활동은 선거운동에 해당하지 않는다. 통상적인 정당활동은 정당이 그 목적을 달성하기 위하여 행하는 당원의 모집, 정책의 개발·보급, 당원교육 등 선거 시기에 관계없이 정당이 지속적으로 추진하여야 하는 정당 본연의 활동으로서 자유로이 허용되어야 하기 때문이다(헌법재판소 2001. 10. 25.자 2000헌마193 결정). 그러나 어떠한 행위가 통상적인 정당활동에 해당하는지 여부는 그 행위의 명목뿐만 아니라, 그 행위가 행하여지는 시기·장소·방법 등을 종합적으로 관찰하여 그것이 특정후보자의 당선 또는 낙선을 도모하는 목적의지를 가지고 있는 행위인지 여부를 판단하여야 한다(대법원 1999. 4. 9. 선고 98도1432 판결).

예를 들어, 정당원에 대한 교육 및 교양강좌, 당세 확장만을 목적으로 한 입당권유, 정당의 정책개발을 위한 간담회를 개최하는 행위 등은 통상적인 정당활동으로서 선거운동에 해당하지 않는다. 그러나 선거운동의 목적으로 입당을 권유하거나 정당 내부행사에 정당원이 아닌 선거구민을 참석하게 하는 행위 등은 통상적인 정당활동의 범위를 넘어서는 것으로서 선거운동에 해당할 여지가 있다.

5) 설날·추석 등 명절 및 석가탄신일·기독탄신일 등에 하는 의례적인 인사말을 문자메시지(그림말·음성·화상·동영상 등을 포함)로 전송하는 행위

일반적으로 어떠한 행위가 의례적 행위인지 여부는 그 행위자와 상대방의 사회적 지위, 그들 사이의 관계, 행위의 동기, 방법, 내용과 형태 등 모든 사정을 종합하여 사회통념에 비추어 판단한다(대법원 2011. 7. 14. 선고 2011도3862 판결). 이에 따라, 명절에 단순히 해당 명절을 잘 보내라는 내용의 문자메시지나 석가탄신일이나 성탄절과 관련된 내용의 문자메시지를 보내는 것이라면, 의례적인 인사말에 해당할 것이므로 선거운동을 한 것으로 보지 않는다.

6) 투표참여를 권유하는 행위

투표참여를 권유하는 행위는 누구든지 할 수 있다(제58조의2 본문). 그러나 투표참여 권유행위를 ① 집집마다 방문하여 하는 경우, ② 사전투표소 또는 투표소로부터 100미터 이내의 장소에서 하는 경우, ③ 특정 정당 또는 후보자(후보자가 되려는 사람 포함)를 지지·추천하거나 반대하는 내용을 포함하여 하는 경우, ④ 현수막 등 시설물, 인쇄물, 확정장치 등, 어깨띠, 표찰, 기타 표시물을 사용하여 하는 경우는 허용되지 않는다(제58조의2 단서).

7) 직무 또는 업무상의 행위

직무상 행위란 법령, 조례 또는 행정관행이나 관례 등에 의하여 국회의원·지방의회의원·지방자치단체의 장 기타 공무원 등이 가지고 있는 직무의 성격에 비추어보았을 때 정당한 행위 또는 활동을 의미한다. 이러한 직무상 행위는 행위자의 통상적인 업무수행의 일종으로 볼 수 있으므로 선거운동에 해당하지 않는다. 예를 들어, 지방자치단체장이 3·1절을 맞이하여 관내 거주 독립유공자의 유족에게 지방자치단체 명의의 위문품 및 위문금을 지급하는 행위, 시장이 법령 또는 조례에 따라 관내 생활보호대상자에게 보조금 등을 지원하는 행위, 국회의원이 선거기간 개시일 전 의정활동보고를 하는 행위 등은 직무상 행위로서 선거운동으로 보지 않는다. 다만, 어떤 행위가 직무상 행위의 형식을 가지고 있더라도, 이를 통하여 특정인이나 특정정당 등의 선거에 영향을 미칠 소지가 있다면 선거운동에 해당한다.

업무상 행위란 영업행위와 같이 사람이 직업 또는 사회생활상의 지위에 관하여 계속적으로 종사하는 업무에 의한 행위를 의미한다. 즉, 개인이나 회사가 자신이 종사하는 사무 또는 업무에 관하여 하는 일반적인 행위가 업무상 행위이다. 다만, 형식적으로는 업무상 행위에 해당하더라도, 그 행위에 선거운동의 목적이 존재하거나 사회상규상 업무상 행위를 넘어 선거운동으로 볼 수밖에 없거나 선거에 영향을 미치게 하는 경우 등은 선거운동에 해당할 여지가 있다.

8) 의례적 또는 사교적 행위

의례적·사교적 행위란 행위자의 공적 또는 사회적 지위에 부합하는 합리적 범위 안에서의 행위를 의미한다. 일반적으로 어떠한 행위가 의례적·사교적 행위에 해당하는지 여부는 그 행위자와 상대방의 사회적 지위, 그들 사이의 관계, 행위의 동기, 방법, 내용과 형태 등 모든 사정을 종합하여 사회통념에 비추어 판단한다(대법원 2011. 7. 14. 선고 2011도3862 판결).

다. 선거운동의 제한

선거운동은 누구든지 자유롭게 할 수 있는 것이 원칙이다(제58조 제2항). 다만, 공직선거법 또는 다른 법률의 규정에 의하여 금지되거나 제한되는 경우에는 허용되지 않는다(제58조 제2항 단서). 공직선거법에 따라 제한되는 선거운동의 내용은 다음과 같다.

1) 선거운동의 주체 제한

제60조 제1항 각 호 중 하나에 해당하는 사람은 선거운동을 할 수 없다. 다만, ① 대한민국 국민이 아닌 자가 영주의 체류자격 취득일 후 3년이 경과하고 해당 지방자치단체의 외국인등록대장에 올라있는 사람인 경우, ② 대한민국 국민이 아닌 자가 예비후보자의 배우자 또는 후보자의 배우자인 경우, ③ 제4호부터 제8호에 해당하는 사람이 예비후보자의 배우자 또는 후보자의 배우자이거나 후보자의 직계존비속인 경우는 선거운동을 할 수 있다.

2) 선거운동의 기간 제한

선거운동은 선거기간 개시일부터 선거일 전일까지에 한하여 할 수 있는 것이 원칙이다(제59조). 다만, ① 예비후보자 등의 선거운동(제59조 제1호 및 제60조의3), ② 선거일이 아닌 때에 문자(음성·화상·동영상 등 제외)메시지를 전송하는 방법으로 하는 선거운동(제59조 제2호), ③ 선거일이 아닌 때에 인터넷 홈페이지 등에 글이나 동영상을 게시하거나 전자우편을 전송하는 방법으로 하는 선거운동(제59조 제3호) 등은 공직선거법이 예외적으로 인정한 선거운동기간이 아닌 때에 할 수 있는 선거운동이다.

3) 선거운동의 방법 제한

선거운동은 ① 선거사무소 등의 설치 및 운영, ② 선거벽보 선거공보 등 문서 또는 도화, 신문·방송광고·방송연설 등 언론·방송, 대담·연설 등에 의한 선거운동, ③ 컴퓨터통신을 이용한 선거운동 등을 허용하는 동시에 일정한 제한을 가하고 있다.

4. 예비후보자의 선거운동

예비후보자는 공직선거법 제59조 제1호 및 제60조의3에 따라 선거운동을 할 수 있다. 또한 ① 예비후보자의 배우자(배우자가 없는 경우는 예비후보자가 지정한 1명)와 예비후보자의 직계존비속, ② 예비후보자와 함께 다니는 선거사무장·선거사무원 및 장애인 예비후보자의 활동보조인, ③ 예비후보자가 함께 다니는 사람 중에서 지정한 1명 등은 일정한 범위 내에서 선거운동을 할 수 있다. 구체적으로 예비후보자가 할 수 있는 선거운동의 범위는 다음과 같다.

가. 선거사무소 설치 및 선거사무장 등 선임

예비후보자는 선거운동 등 선거에 관한 사무를 처리하기 위하여 선거사무소 1개소를 설치할 수 있고, 그 선거사무소에 간판·현판 또는 현수막을 설치·게시할 수 있다(제60조의3 제1항 제1호). 또한, 선거운동을 할 수 있는 사람 중에서 선거사무장을 포함한 선거사무원을 둘 수 있다(제62조 제3항).

나. 명함 배부

예비후보자는 성명·사진·전화번호·학력·경력 기타 홍보에 필요한 사항을 게재한 길이 9cm, 너비 5cm 이내의 명함을 선거구민에게 직접 주거나 지지를 호소할 수 있다(제60조의3 제1항 제2호). 또한 ① 예비후보자의 배우자(배우자가 없는 경우는 예비후보자가 지정한 1명)와 예비후보자의 직계존비속, ② 예비후보자와 함께 다니는 선거사무장·선거사무원 및 장애인 예비후보자의 활동보조인, ③ 예비후보자가 함께 다니는 사람 중에서 지정한 1명 등은 위 예비후보자의 명함을 직접 주거나 예비후보자에 대한 지지를 호소할 수 있다(제60조의3 제2항).

다만, 위와 같이 명함을 직접 주거나 지지를 호소하는 행위는 선박·

정기여객자동차·열차·전동차·항공기의 안과 그 터미널·역·공항의 개찰구 안, 병원·종교시설·극장의 안(대관 등 극장이 본래의 용도 외의 용도로 이용되는 경우 제외)에서는 할 수 없다(제60조의3 제1항 제2호).

다. 홍보물 작성 및 우편발송

예비후보자는 선거구 안에 있는 세대수의 100분의 10에 해당하는 수 이내에서 자신의 사진·성명·전화번호·학력·경력, 그 밖에 홍보에 필요한 사항을 게재한 예비후보자 홍보물을 작성하여 그 발송일 2일 전까지 관할 선거관리위원회로부터 확인을 받은 후 선거기간개시일 전 3일까지 우편 발송할 수 있다(제60조의3 제1항 제4호). 다만, 위 예비후보자 홍보물은 해당 선거사무소 방문자나 길거리를 지나다니는 일반선거인들에게 배부할 수 없다.

라. 어깨띠 또는 표지물 착용 행위

예비후보자는 선거운동을 위하여 어깨띠 또는 예비후보자임을 나타내는 표지물을 착용하고 선거운동을 할 수 있다(제60조의3 제1항 제5호). 구체적으로 ① 어깨띠를 마라톤 등번호 같이 가슴과 등에 부착되는 형태(길이 240cm, 너비 20cm 이내)로 제작하여 사용하는 행위, ② 중증장애인인 예비후보자가 표지물을 휠체어 등 보조기구에 부착하여 선거운동을 하는 행위, ③ 여러 개의 어깨띠를 착용 또는 어깨띠와 표지물을 함께 사용하여 선거운동을 하는 행위, ④ 예비후보자가 어깨띠를 착용한 후 입장료 없이 누구나 자유로이 출입할 수 있는 카페 등을 방문하여 명함을 직접 주거나 지지를 호소하는 행위, ⑤ 예비후보자가 상의에 표지물 규격 범위에서 표지물 대신 글귀를 새겨서 입고 선거운동을 하는 행위, ⑥ 예비후보자가 어깨띠나 표지물을 착용한 채 자전거를 타고 이동하는 행위(자잔거에 표지물 부착은 금지), ⑦ LED 등의 발광장치를 이용하여 어깨띠나 표지물에 게재된 문자나 기호 등이 야간에도 잘 보이도록 제작·사용하는 행위 등은 예비후보자의 선거운동으로서 허용된다. 다만, ① 어깨띠에 확성 장치나 스피커가 내장된 마이크폰을 부착하여 사용하는 행위, ② 예비후보자가 피켓 형태의 표지물을 손에 들고서 지지를 호소한 행위, ③ 피켓 형태의 표지물을 노상의 보행자 보호설치대에 세워두고 그 옆에서 지지를 호소한 행위 등은 허용되지 않는다.

마. 문자메시지, 전자우편 전송

누구든지 문자메시지를 이용하여 예비후보자에 관한 선거운동 정보를 전송할 수 있다. 나아가 예비후보자는 자동 동보통신의 방법, 즉 동시 수신대상자가 20명을 초과하거나 그 대상자가 20명 이하인 경우에도 프로그램을 이용하여 수신자를 자동으로 선택하여 전송하는 방식을 통하여 문자메시지를 전송하는 방법으로 선거운동을 할 수 있다(제59조 제2호). 이때 발송되는 전화번호는 1개의 전화번호만을 사용하여야 하고, 문자메시지 전송은 8회로 제한되며 예비후보자로서 전송한 횟수는 후보자가 된 이후에도 포함되어 산정한다(제59조 제2호).

또한 누구든지 인터넷 홈페이지 또는 그 게시판·대화방 등에 글이나 동영상 등을 게시하거나 전자우편을 전송하는 방법으로 예비후보자에 관한 선거운동을 할 수 있다. 나아가 예비후보자는 전자우편 전송대행업체에 위탁하여 전자우편을 전송하는 방법으로도 선거운동을 할 수 있다(제59조 제3호).

바. 말 또는 전화이용 지지호소

누구든지 선거일이 아닌 때에 말 또는 전화를 이용하여 예비후보자에 관한 선거운동을 할 수 있다(제59조 제4호). 다만 전화를 이용한 지지호소는 오후 11시부터 다음날 오전 6시까지는 할 수 없다.

사. 예비후보자공약집 작성 및 배부

대통령선거 및 지방자치단체의 장 선거의 예비후보자는 선거공약 및 이에 대한 추진계획 등을 게재한 공약집을 발간하여 배부할 수 있다(제60조의4 제1항). 이때 예비후보자가 자신의 사진 성명·학력·경력 기타 홍보에 필요한 사항을 예비후보자공약집에 게재하는 경우, 그 게재 면수는 표지를 포함한 전체면수의 100분의 10을 넘을 수 없고, 다른 정당이나 후보자가 되려는 자에 관한 사항은 게재할 수 없다(제60조의4 제2항).

II

당선무효 및 공무담임 등의 제한

공직선거법은 공정한 선거의 수행과 선거와 관련한 부정을 사전에 방지하기 위하여 선거범죄와 관련된 후보자에 대하여 그 당선을 무효로 하고, 공무담임권까지 일정 부분 제한하고 있다. 공직선거법이 규정하고 있는 당선무효는 ① 선거비용의 초과지출로 인한 당선무효(제263조), ② 당선인의 선거범죄로 인한 당선무효(제264조), ③ 선거사무장 등의 선거범죄로 인한 당선무효(제265조)가 있다. 이에 더하여, 선거범죄로 백만 원 이상의 벌금형이나 징역형(집행유예 포함)을 선고받은 자는 선거권 및 피선거권이 제한되고(제18조, 제19조), 일정기간(5년 또는 10년) 공적 지위를 취득할 수 없다.

1. 당선무효

가. 선거비용의 초과지출로 인한 당선무효(제263조)

　선거사무장, 선거사무소의 회계책임자 또는 예비후보자의·회계책임자가 공직선거법 제122조(선거비용제한액의 공고)의 규정에 의하여 공고된 선거비용제한액의 200분의 1 이상을 초과지출하거나(제263조 제1항),「정치자금법」제49조(선거비용관련 위반행위에 관한 벌칙) 제1항 또는 제2항 제6호의 죄(제263조 제2항)를 범한 이유로 징역형(집행유예는 포함되나, 선고유예는 포함되지 않음) 또는 삼백만 원 이상의 벌금형의 선고를 받은 때에는 그 후보자의 당선은 무효로 한다(제263조). 다만, 다른 사람의 유도 또는 도발에 의하여 당해 후보자의 당선을 무효로 되게 하기 위하여 제263조에 규정된 행위를 한 경우에는 당선이 무효로 되지 않는다(제263조 제1항 단서 및 같은 조 제2항 단서).

　정치자금법위반으로 당선이 무효가 되는 후보자에 '대통령후보자, 비례대표 국회의원후보자 및 비례대표 지방의회의원후보자'는 포함되지 않는다(제263조 제2항). 이때 당선이 무효로 되는 시기는 선거사무장 등에 대한 선거법위반사건의 유죄판결이 확정된 때이고, 별도의 당선무효의 효과를 발생시키기 위한 소송 절차는 필요하지 않다.

나. 당선인의 선거범죄로 인한 당선무효(제264조)

　당선인이 당해 선거에 있어 공직선거법에 규정된 죄 또는「정치자금법」제49조의 죄를 범함으로 인하여 징역 또는 백만 원 이상의 벌금형의 선고를 받은 때에는 그 당선은 무효로 한다(제264조). 즉, 당선인이 당선된 해당 선거에 관하여 공직선거법에 규정된 죄 또는「정치자금법」제49조(선거비용관련 위반행위에 관한 벌칙)의 죄를 범하고, 그로 인하여 징역형(집행유예 포함) 또는 백만 원 이상의 벌금형의 선고를 받은 때에는 당선이 무효가 된다. 이때 당선이 무효가 되는 시기는 유죄의 판결이 확정된 때이고, 별도의 당선무효의 효과를 발생시키기 위한 소송절차는 필요하지 않다.

다. 선거사무장 등의 선거범죄로 인한 당선무효(제265조)

선거사무장, 선거사무소의 회계책임자(선거사무소의 회계책임자로 선임·신고되지 아니한 자로서 후보자와 통모하여 당해 후보자의 선거비용으로 지출한 금액이 선거비용제한액의 3분의 1 이상에 해당되는 자 포함) 또는 후보자(후보자가 되려는 자 포함)의 직계존비속 및 배우자가 해당 선거에 관하여 공직선거법 제230조(매수 및 이해유도죄)부터 제234조(당선무효유도죄)까지, 같은 법 제257조(기부행위의 금지제한 등 위반죄) 제1항 중 기부행위를 한 죄 또는「정치자금법」제45조(정치자금부정수수죄) 제1항의 정치자금 부정수수죄를 범함으로써 징역형(집행유예 포함) 또는 삼백만 원 이상의 벌금형의 선고를 받은 때(선거사무장, 선거사무소의 회계책임자에 대하여는 선임·신고되기 전의 행위로 인한 경우 포함)에는 그 후보자(대통령후보자, 비례대표 국회의원후보자 및 비례대표 지방의회의원후보자 제외)의 당선은 무효로 한다(제265조 본문). 다만, 다른 사람의 유도 또는 도발에 의하여 당해 후보자의 당선을 무효로 되게 하기 위하여 죄를 범한 때에는 그러하지 아니하다(제265조 단서).

2. 선거범죄로 인한 공무담임 등의 제한(제266조)

선거범죄 중 ① 제230조(매수 및 이해유도죄)부터 제234조(당선무효유도죄)까지의 죄, ② 제237조(선거의 자유방해죄)부터 제255조(부정선거운동죄)까지의 죄, ③ 제256조(각종제한규정위반죄) 제1항부터 제3항까지의 죄, ④ 제257조(기부행위의 금지제한등 위반죄)부터 제259조(선거범죄선동죄)까지의 죄(당내 경선과 관련된 죄 제외), ⑤ 「정치자금법」 제49조(선거비용관련 위반행위에 관한 벌칙)의 죄를 위반하고 백만 원 이상의 벌금형 등을 선고받은 자는 일정기간 동안 일정 공직취임이 제한된다(제266조).

공직취임이 제한되는 기간은 ① 징역형의 선고를 받은 자의 경우 '그 집행을 받지 않기로 확정된 후 또는 그 형의 집행이 종료되거나 면제된 후 10년간'이고, ② 형의 집행유예를 선고받은 자의 경우 '그 형이 확정된 후 10년간'이며 ③ 백만 원 이상의 벌금형을 선고받은 자의 경우 '그 형이 확정된 후 5년간'이다(제266조 제1항).

선거범죄로 인하여 취임하거나 임용이 제한되는 직은 ① 국가 및 지방공무원, 선거관리위원회위원, 교육위원회 교육위원, 공공기관 상근 임원, 농업협동조합 등 조합장, 대학 총장, 학장, 교수, 부교수, 조교수, 전임강사, ② 향토예비군 소대장급 이상의 간부, 통·리·반의 장, 주민자치위원회 위원, 바르게살기협의회, 새마을운동협의회, 한국자유총연맹의 상근임직원 등, ③ 공직자윤리법 제3조(등록의무자) 제1항 소정의 기관·단체의 임·직원, ④ 사립학교 교원, ⑤ 방송위원회 위원 등이다.

Ⅲ
양벌규정 및
자수자에 대한 특례

공직선거법은 공직선거법 위반행위에 대하여 행위자를 처벌하는 것만으로는 형벌의 목적을 달성하기 어렵다는 전제에서 그 행위자가 속한 단체까지 처벌하는 양벌규정(제260조)을 규정하고 있고, 은밀하게 이루어져 적발이 어려운 매수행위 등을 자수한 행위자가 형을 감면받도록 하여 그 신고를 유도하기 위한 자수자에 대한 특례(제262조)를 규정하고 있다. 그 구체적인 내용은 다음과 같다.

1. 양벌규정(제260조)

정당·회사, 그 밖의 법인·단체(이하 '단체 등')의 대표자, 그 대리인·사용인, 그 밖의 종업원과 정당의 간부인 당원이 그 단체 등의 업무에 관하여

제230조 제1항부터 제4항까지·제6항부터 제8항까지, 제231조, 제232조 제1항·제2항, 제235조, 제237조 제1항·제5항, 제240조 제1항, 제241조 제1항, 제244조, 제245조 제2항, 제246조 제2항, 제247조 제1항, 제248조 제1항, 제250조부터 제254조까지, 제255조 제1항·제2항·제4항·제5항, 제256조, 제257조 제1항부터 제3항까지, 제258조, 제259조 중 어느 하나의 공직선거법 위반행위를 하면 그 행위자뿐만 아니라 그 단체 등에 대하여도 해당 조문의 벌금형을 과한다(제260조 제1항 본문).

또한 단체 등의 대표자, 그 대리인·사용인, 그 밖의 종업원과 정당의 간부인 당원이 그 단체 등의 업무에 관하여 제233조, 제234조, 제237조 제3항·제6항, 제242조 제1항·제2항, 제243조 제1항, 제245조 제1항, 제246조 제1항, 제249조 제1항, 제255조 제3항의 어느 하나에 해당하는 위반행위를 하면 그 행위자를 벌하는 것과 별도로 그 단체 등에 대해서도 3천만 원 이하의 벌금에 처한다(제260조 제2항 본문).

이때 '회사'는 상행위 기타 영리를 목적으로 하여 설립된 사단법인, 즉 상법상의 회사를 의미하는 것으로, 단순히 후보자 등과 관계있는 회사에 한정되지 않는다. '그 밖의 법인·단체'는 국가나 지방자치단체 등인 공공적 성격이 강한 법인·단체를 제외한 나머지 법인·단체를 의미한다. '업무에 관하여'란 행위자가 정당이나 회사, 그 밖의 법인·단체의 업무를 수행하는 과정에서 이루어진 행위로서 넓게 해석한다. 그러나 대표자나 그 구성원이 개인적인 목적이나 이유에서 행한 행위에 대해서는 '업무에 관하여' 한 행위라고 보기 어려울 것이다.

다만, 위와 같은 위반행위를 한 경우라도 단체 등이 그 위반행위를 방지하기 위하여 해당 업무에 관하여 상당한 주의와 감독을 게을리하지 않은 경우에는 양벌규정이 적용되지 않는다(제260조 제1항 단서, 제260조 제2항 단서).

2. 자수자에 대한 특례(제262조)

① 제230조 제1항·제2항, 제231조 제1항 및 제257조 제2항을 위반한 사람 중 금전·물품, 그 밖의 이익 등을 받거나 받기로 승낙한 사람(후보자와 그 가족이나 사위, 즉 사회통념상 부정한 방법으로 이익 등을 받거나 받기로 승낙한 사람은 제외한다)과

② 다른 사람의 지시에 따라 제230조 제1항·제2항, 제231조 제1항 및 제257조 제1항을 위반하여 금전·물품, 그 밖의 재산상의 이익이나 공사의 직을 제공하거나 그 제공을 약속한 사람이 자수한 때에는 그 형을 감경하거나 면제한다. 이때의 형 감경 또는 면제는 필요적 감면사유이므로 제262조에 해당하는 자가 자수를 한 경우에는 반드시 형을 감경하거나 면제하여야 한다.

자수자 특례의 적용대상은 다음과 같다. 구체적으로 ① 제230조(매수 및 이해유도죄) 제1항 중 매수를 받는 죄(제230조 제1항 제7호)를 범한 자, ② 제231조(재산상의 이익목적의 매수 및 이해유도죄) 제1항 중 제230조 제1항 제7호에

해당하는 죄를 범한 자, ③ 제230조(매수 및 이해유도죄) 제2항에 따라 제공된 이익 등을 제공받은 자, ④ 제257조(기부행위의 금지제한 등 위반죄) 제2항을 위반하여 기부행위를 받는 죄를 범한 자, ⑤ 다른 사람의 지시에 따라 제230조 제1항·제2항, 제231조 제1항 및 제257조 제1항을 위반하여 금전·물품 그 밖의 재산상 이익이나 공사의 직을 제공하거나 그 제공을 약속한 사람이다.

'자수'란 범인이 자발적으로 자신의 범죄사실을 수사기관에 신고하여 소추를 구하는 의사표시, 즉 자신에 대한 수사를 진행해줄 것을 원하는 의사표시이다. 여기서 신고의 내용이 되는 '자신의 범죄사실'이란 자기가 행한 범행으로서 그 범죄의 성립 요건을 갖춘 객관적 사실을 말하고, 자수는 위와 같은 객관적 범죄사실을 자발적으로 수사기관에 신고하여 그 처분에 맡기는 의사표시를 함으로써 성립한다. 따라서 범인이 수사기관에 자발적으로 신고하였더라도 그 내용이 자기의 범행을 명백히 부인하는 등의 내용으로 자기가 행한 범행으로서 성립 요건을 갖추지 않은 사실일 때는 자수가 성립하지 않는다. 또한, 수사과정이 아닌 기소 이후 재판과정에서 자기의 범행을 시인하는 것은 자수가 아니다(대법원 1999. 9. 21. 선고 99도2443 판결).

일반적으로 자수는 수사기관에 자기의 범죄사실을 신고한 때 성립한다. 이에 따라 제262조 제1항에 규정된 자가 자기의 범죄사실을 수사기관에 직접 신고한 때에는 그 시점이 자수한 때이다. 만약 제262조 제1항에 규정된 자가 각급 선거관리위원회(읍·면·동선거관리위원회는 제외)에 자신의 선거범죄사실을 신고하여 선거관리위원회가 관계 수사기관에 이를 통보한 경우에는 그 행위자가 선거관리위원회에 자기의 범죄사실을 신고한 때를 자수한 때로 본다(제262조 제2항). 한편, 수사기관에서 수사가 시작된 이후에도 자수가 가능한지에 관하여 대법원은 "제262조에 자수의 시기에 대하여 아무런 제한을 갖지 않고 있는 이상, 범죄 발각 후 자수한 경우에도 자수로 보아야 한다"라고 판시하였다(대법원 1997. 3. 20. 선고 96도1167 전원합의체 판결). 그러므로, 범행 발각이나 지명수배 여부에 상관없이 체포 전에 자수하면 제262조의 자수에 해당한다.

제2편

매수 및 이해유도죄

I
매수 및 이해유도죄
(제230조)

   본조는 선거관계자를 매수하는 행위처럼 경제적 이익 등을 이용하여 개인의 자유의사를 왜곡시키고 선거의 본질을 침해하는 선거운동 행위를 범죄로 정의하여 처벌함으로써, 선거의 공정을 보장하기 위한 규정이다.

   매수 및 이해유도죄는 그 행위가 후보자나 선거일 확정 전에 발생하였어도 성립할 수 있고, 선거일 이후에 이루어진 행위라도 공직선거법 제268조에 정해진 공소시효 만료일(그 행위가 있는 날부터 6개월) 전까지는 성립할 수 있다. 또한, 매수 및 이해유도죄는 당사자가 입후보를 단념하거나, 선거가 무효가 되거나, 선거운동의 목적을 달성하였는지 여부나 금전제공의 효과 유무와 상관없이 본조에서 규정한 행위자체를 한 경우에 성립한다. 매수 및 이해유도죄는 재정신청 대상이 되는 중요 선거범죄에 해당한다(제273조 제1항).

1. 매수죄<small>(제230조 제1항 제1호)</small>

가. 의의

매수죄란 특정인의 당선 또는 낙선이나 선거인의 자유로운 투표의사에 영향을 미칠 목적으로 선거인, 다른 정당이나 후보자의 선거운동관계자, 참관인, 선장, 입회인 등을 매수하는 행위를 처벌하는 규정이다. 이를 위반하면 5년 이하의 징역 또는 3천만 원 이하의 벌금에 처해질 수 있다. 매수죄는 그 구체적 행위의 모습에 따라 제공죄·제공의사표시죄·제공약속죄 등으로 나누어진다.

나. 구성 요건

1) 행위 주체

매수죄의 행위주체는 누구나 될 수 있다. 즉, 후보자나 선거운동관계자가 특정인을 매수한 경우는 물론 후보자나 선거운동관계자가 아닌 자의 매수행위에 대해서도 본죄가 성립한다. 행위자의 선거권 또는 피선거권의 유무도 불문한다. 다만, 정당·후보자<small>(후보자가 되고자 하는 자 포함)</small>나 선거운동관계자가 매수죄의 행위를 한 경우는 정당·후보자 등의 매수 및 이해유도죄<small>(제230조 제2항)</small>가 성립한다.

2) 행위 상대방

매수죄의 행위 상대방은 ① 선거인, ② 다른 정당이나 후보자의 선거사무장·선거연락소장·선거사무원·회계책임자·연설원, ③ 참관인, ④ 선장, ⑤ 입회인이다. 이때 정당은 「정당법」 제2조 및 제4조에 따른 정당으로서 중앙당과 시·도당을 포함한다(정당법 제3조). 본조에서 후보자란 후보자등록을 마친 자와 예비후보자만을 의미하고, 후보자가 되고자 하는 자는 포함하지 않는다. '다른 정당이나 후보자'란 매수죄의 주체가 되는 정당이나 후보자 이외의 모든 정당이나 후보자를 의미한다.

가) 선거인

선거인이란 ① 선거구 내에서 선거권이 있는 자로서 선거인명부 또는 재외선거인명부에 올라있는 사람과 ② 주민등록현황·연령 등을 기초로 하여 다가올 선거일을 기준으로 판단할 때 선거인이 될 수 있는 자를 의미한다. 이에 대하여 대법원은 "매수죄의 상대방인 선거인에 관하여 선거인명부 작성기준일 이전이라 할지라도 상대방의 주민등록현황, 연령 등 제반 사정을 기초로 하여 다가올 선거일을 기준으로 판단할 때 위와 같은 선거인으로 될 수 있는 자이면 이를 선거인명부에 오를 자격이 있는 자로 봄이 상당하다"라고 판시하였다(대법원 2005. 8. 19. 선고 2005도2245 판결).

이때 선거인이 해당 선거구 내의 선거인만을 의미하는지에 관하여, 지역구국회의원이나 지방자치단체의 장 또는 지방의회의원 선거의 경우는 각자의 선거구가 나누어져 있으므로 해당 선거구 내의 선거인을 의미한다. 반면, 전국을 단위로 하는 대통령선거나 비례대표 국회의원선거에서 선거인은 특정선거구의 선거인만을 지칭한다고 볼 수 없다.

나) 선거사무장·선거연락소장·선거사무원

선거사무장·선거연락소장·선거사무원이란 정당 또는 후보자가 선거운동 기타 선거에 관한 사무를 처리하기 위하여 둔 ① 선거사무소의 선거사무장과 ② 선거연락소의 선거연락소장 및 ③ 해당 선거사무소와 선거연락소에서 근무하는 선거사무원을 의미한다(제61조, 제61조의2, 제62조). 이들은 선임 또는 해임에 관하여 관할 선거관리위원회에 서면으로 신고함으로써 그 신분을 취득·상실하고, 신고서가 당해 선거관리위원회에 제출된 때에 신분을 취득·상실하며 개표 종료 시에 그 신분이 종료된다.

다) 회계책임자

회계책임자란 「정치자금법」 제34조(회계책임자의 선임신고 등)에 따라 정당의 대표자, 공직선거의 후보자·예비후보자, 선거연락소장 등이 공직선거의 선거운동을 할 수 있는 자 중에서 수입과 지출을 담당하는 자로 선임하고 관할 선거관리위원회에 서면으로 신고한 자를 의미한다(정치자금법 제34조).

라) 연설원

연설원이란 공직선거법 제71조(후보자 등의 방송연설), 제79조(공개장소에서의 연설·대담), 제81조(단체의 후보자등 초청 대담·토론회), 제82조(언론기관의 후보자등 초청 대담·토론회), 제82조의2(선거방송토론위원회 주관 대담·토론회)의 규정에 의하여 연설이나 대담·토론을 하는 자를 의미한다. 연설원은 당해 연설회나 대담·토론회에만 참석하는 자이므로 그 신분의 취득·종료시기를 특정하기 어렵다. 이에 따라 연설회 또는 대담·토론회에 따른 각 연설원 신분의 취득 및 종료시기를 검토하면 다음과 같다.

① 후보자 등의 방송연설(제71조)

공직선거법 제71조 제1항에 따르면, 후보자와 후보자가 지명하는 연설원은 텔레비전 및 라디오 방송별로 각 선거에 따라 정해진 횟수의 연설을 할 수 있다(제71조 제1항). 위와 같은 연설원에 의한 연설을 위하여 후보자는 공직선거법 제71조 제7항 또는 같은 조 제10항에 정해진 내용에 따라 관할 선거관리위원회에 서면으로 제출 또는 신고하여야 한다(제71조 제7항 및 제10항). 즉, 연설원의 신분은 위 신고서가 관할 선거관리위원회에 도달된 때에 취득되고, 개개의 연설이 종료될 때 또는 수회의 연설이 모두 종료될 때에 그 신분이 종료된다.

② 공개 장소에서의 연설 · 대담(제79조)

후보자 · 선거사무장 · 선거연락소장 · 선거사무원 등이 선거운동을 할 수 있는 사람 중에서 지정한 사람은 도로변 · 광장 · 공터 · 주민회관 · 시장 또는 점포 그 밖에 다수인이 왕래하는 공개 장소를 방문하여 정당이나 후보자에 대한 지지를 호소하는 연설을 하거나 청중의 질문에 대답하는 방식의 대담을 할 수 있다(제79조). 이때의 연설원에 관하여는 신고 규정이 없다. 그러므로, 이때의 연설원은 연설원 지정이 어떠한 형태로든 객관화되었을 때 신분을 취득하고, 각 연설이 끝나면 그 신분이 종료된다고 볼 수 있다.

③ 단체의 후보자등 초청 대담·토론회(제81조)

특정 단체 등을 제외한 단체는 후보자 또는 대담·토론자(대통령선거 및 시·도지사선거의 경우에 한하며, 정당 또는 후보자가 선거운동을 할 수 있는 자 중에서 선거사무소 또는 선거연락소마다 지명한 1인을 말함) 1인 또는 수인을 초청하여 소속정당의 정강·정책이나 후보자의 정견 기타사항을 알아보기 위한 대담·토론회를 공직선거법이 정하는 바에 따라 옥내에서 개최할 수 있다(제81조 제1항). '대담'이란 1인의 후보자 또는 대담자가 소속정당의 정강·정책이나 후보자의 정견 기타사항에 관하여 사회자 또는 질문자의 질문에 대하여 답변하는 것을 말하고, '토론'이란 2인 이상의 후보자 또는 토론자가 사회자의 주관하에 소속정당의 정강·정책이나 후보자의 정견 기타사항에 관한 주제에 대하여 사회자를 통하여 질문·답변하는 것을 의미한다(제81조 제2항). 단체는 대담·토론자를 대담 또는 토론의 개최일 2일 전까지 관할 선거관리위원회 또는 그 개최장소 소재지 관할 구·시·군선거관리위원회에 서면으로 신고하여야 한다. 이에 따라 대담·토론자는 위 신고를 하였을 때 신분을 취득하고, 대담·토론이 종료된 때에 그 신분이 종료된다.

④ 언론기관의 후보자등 초청 대담·토론회(제82조)

텔레비전 및 라디오 방송시설(제70조제1항에 따른 방송시설을 말함)·「신문 등의 진흥에 관한 법률」 제2조제3호에 따른 신문사업자·「잡지 등 정기간행물의 진흥에 관한 법률」 제2조제2호에 따른 정기간행물사업자(정보간행물·전자간행물·기타간행물을 발행하는 자 제외)·「뉴스통신진흥에 관한 법률」 제2조제3호에 따른 뉴스통신사업자 및 인터넷언론사는 선거운동기간 중 후보자 또는 대담·토론자(후보자가 선거운동을 할 수 있는 자 중에서 지정하는 자를 말함)

에 대하여 후보자의 승낙을 받아 1명 또는 여러 명을 초청하여, 소속정당의 정강·정책이나 후보자의 정견, 그 밖의 사항을 알아보기 위한 대담·토론회를 개최하고 이를 보도할 수 있다(제82조 제1항). 이때의 대담·토론자는 연설원에 해당하지만 그 신분취득에 관한 신고규정은 없다. 그러므로, 대담·토론자는 후보자 측이 어떠한 형태로든 주최 언론기관에 대담·토론자를 통보하였을 때 신분을 취득하고, 그 대담·토론회가 끝나면 신분이 종료된다고 할 수 있다.

⑤ 선거방송토론위원회 주관 대담·토론회(제82조의2)

중앙선거방송토론위원회는 비례대표국회의원 선거에서는 해당 정당의 대표자가 비례대표 국회의원후보자 또는 선거운동을 할 수 있는 사람(지역구 국회의원후보자 제외) 중 지정하는 1명 또는 여러 명을 초청하여 2회 이상 각 대담·토론회를 개최하여야 한다. 또한 시·도선거방송토론위원회는 선거운동기간 중 비례대표 시·도의원선거에서 해당 정당의 대표자가 비례대표 시·도의원후보자 또는 선거운동을 할 수 있는 사람(지역구 시·도의원후보자 제외) 중 지정하는 1명 또는 여러 명을 초청하여 1회 이상 각 대담·토론회를 개최하여야 한다(제82조의2 제1항, 제2항). 이때 참가하는 대담·토론자는 연설원으로서 그 신고서를 제출해야 하므로, 신고서가 제출된 때 신분을 취득하며 대담·토론이 종료된 때에 신분이 종료된다.

마) 참관인

참관인은 투표참관인·사전투표참관인·개표참관인을 의미한다. 참관인은 당해 선거관리위원회에 신고하도록 규정되어 있으므로, 관할 선거관리위원회에 서면으로 신고함으로써 그 신분을 취득·상실하고, 신고서가 당해 선거관리위원회에 제출된 때에 신분을 취득·상실하며 개표 종료 시에 신분이 종료된다.

3) 구체적 행위

가) 금전·물품·차마·향응 그 밖에 재산상의 이익

① '금전·물품'은 그 종류나 상태에 관한 제한이 없고, 많고 적음도 고려하지 않는다.

② '차마'는 직접적인 차마의 제공은 물론, 청중 동원을 위하여 선거인을 연설장소에 버스로 운송하는 경우와 같이 차마를 이용하는 편의를 제공하는 것을 의미한다.

③ '향응'은 음식물·골프 등의 접대 또는 숙박 등의 편의를 제공하는 것으로서 식사대접과 같이 음식물로 타인을 접대하는 것뿐만 아니라, 사람에게 위안이나 쾌락을 주는 일체의 것을 포함한다. 영화나 연극을 감상시키는 것, 온천 등에 초대하는 것, 타인과의 성교를 제공하는 것 모두 향응 제공에 해당한다. 또한, 매수받은 자가 향응의 장소라는 사정을 알면서도 참석하였다면 비록 음식물을 먹지 않았다고 하더라도 향응을 수수한 것이 될 수 있다.

④ '그 밖에 재산상의 이익'이란 일반인의 수요나 욕망을 충족시켜주는 모든 것으로서 사교상 의례라고 인정되는 정도를 초과한 것이나 선거인 등의 의사결정에 영향을 미칠 수 있다고 인정되는 정도의 것을 말한다. '그 밖에 재산상의 이익'에 해당하는지는 제공하는

자와 제공받는 자와의 관계, 제공받는 자의 사회적 지위나 관습 등에 따라 달리 판단될 수 있다.

재산상의 이익은 그 재산상 이익의 형태와 영속성, 조건부로 제공된 것인지 여부를 고려하지 않는다. 즉 제공된 재산상 이익이 객관적으로는 가치가 없는 것일지라도, 제공받은 자에게 가치가 있는 것이라면 재산상 이익에 해당할 수 있다. 또한, 제공하는 자에게 그 재산상 이익에 관한 정당한 처분권이 없거나 제공행위가 무효에 해당하더라도 재산상 이익에 해당할 수 있다. 실제 제공한 재산상 이익이 당초의 약속과 다르더라도 재산상 이익을 제공한 것에 해당한다. 예를 들어 채무의 면제, 보증, 상가입주권 제공의 약속, 선거인에게 투표를 하는데 필요한 교통비 등의 제공, 구속된 자에 대하여 변호사 선임비용을 부담하는 행위 등이 모두 재산상 이익의 범위에 포함될 수 있다.

나) 공사의 직

공사의 직이란 상근직이거나 비상근직인 것과 상관없이, 노력을 제공하고 일정한 반대급부를 받을 수 있는 직장에서의 일정한 자리를 의미한다. 그 직위나 직무가 특정될 필요는 없고, 보수 등 유상성이 없는 무보수의 명예직도 공사의 직의 범위에 포함된다. 또한, 그 직위를 취득하기 위하여 의회의 동의나 일정한 선출절차가 요구된다고 하더라도 그러한 의회의 동의나 선출절차가 이루어질 수 있는 한 공사의 직에 해당한다. 예를 들어, 투표입회인, 지구당 여성부장, 재개발조합장 등이 본조에서 말하는 공사의 직에 해당한다.

다) 제공

제공이란 현실적인 제공, 즉 제공자가 상대방에게 제공의 의사를 표시하고, 제공받는 자가 그 취지를 인식하면서 실제로 수령하는 것을 의미한다. 이에 따라 제공받는 자가 제공의 취지를 인식하지 못하였거나 인식은 하였더라도 수령의 의사가 없는 때는 제공한 자에 대하여 제공의 사표시죄가 성립할 뿐이다. 한편, 제공받는 자가 후일 반환할 의사를 가지고 수령하였다고 하더라도, 제공받은 이후에 이를 소비하거나 자신의 물건과 혼동한 경우에는 제공한 자에 대한 제공죄는 물론 제공받은 자에 대한 제공받는 죄가 성립한다.

제공은 제공받는 자에게 이익을 사실상 취득시키는 것으로, 법률상 유효하게 취득시킬 필요는 없다. 또한 원래는 일정 가치가 있는 이익을 무상으로 제공하는 것, 유상으로 제공한다고 하더라도 실제의 가치에 비하여 객관적으로 매우 저렴한 가격에 판매하는 경우, 소유자 또는 출금자인 타인으로부터 금전 등을 수령하여 이를 제공받는 자에게 지급한 경우도 모두 제공에 포함된다.

대법원은 중간자에게 금품을 주는 행위에 대하여, "금품 기타 이익의 제공이라 함은 반드시 금품 등을 상대방(최종적으로 제공받는 자)에게 귀속시키는 것만을 뜻하는 것은 아니고, 그 금품 등을 지급받는 상대방이 금품 등의 귀속 주체가 아닌 이른바 중간자라 하더라도 그에게 금품 등의 배분대상이나 방법, 배분액수 등에 대한 어느 정도의 판단과 재량의 여지가 있는 한 비록 중간자에게 귀속될 부분이 지정되어 있지 않은 경우라 하더라도 중간자에게 금품 등을 주는 것은 위 규정에서 말하는 제공에 포함된다. 다만, 그 중간자가 단순한 보관자이거나 특정인에게 특정 금품 등을 전달하기 위하여 심부름을 하는 사자(심부름꾼을 의미한다)에 불과한 경우에는 그에게 금품 등을 주는 것은 위 규정에서 말하는 제공에 포함된다고 볼 수 없다"라고 판시하였다(대법원 2004. 11. 12. 선고 2004도5600 판결).

라) 의사표시

의사표시란 상대방에 대하여 직접 또는 사회통념상 일반적으로 상대방이 알 수 있는 객관적 상태에 놓이도록 일방적으로 제공의 의사를 표시하는 것을 말한다. 이를 위하여 반드시 금액이나 수량 등을 구체적으로 명시하여 표시할 필요는 없고, 상대방이 수령을 거절한다고 하더라도 이미 의사표시가 있었으므로 의사표시를 한 자에 대하여 본죄가 성립한다. 또한, 의사표시의 방식은 특별한 제한이 없어서 글이나 말이 아닌 제공의 의사가 있는 금품 등을 직접 제공하는 행위도 포함된다. 제공의 의사표시를 상대방이 승낙하면 제공의사표시죄는 약속죄에 흡수되어 약속죄가 성립하고, 현실로 제공을 받으면 제공죄가 성립한다.

마) 약속

약속이란 아직 현실적으로 제공되지는 않았으나, 제공하는 자가 장차 제공하겠다는 의사를 표시하고, 제공받는 자가 이를 승낙하여 수령하겠다는 의사가 일치한 경우를 의미한다. 일단 약속이 이루어진 이상 그 이후에 약속을 취소한다고 하더라도 본죄가 성립한다. 또한 제공받는(을)

자의 요구에 대하여 제공하는(할) 자가 응한 경우에는 제공약속죄가 성립한다. 약속 후 실제로 제공을 하였을 때는 제공죄만 성립한다.

4) 주관적 구성 요건

매수죄가 성립하기 위해서는 '투표를 하게 하거나 하지 아니하게 하거나, 당선되거나 되게 하거나 되지 못하게 할 목적'이 있어야 한다. 즉, 본인이나 다른 사람의 당락에 영향을 미치거나, 선거인의 투표의사에 영향을 미치려는 목적의사가 존재하여야 한다. 위와 같은 목적의사는 반드시 외부에 표시될 필요는 없고, 목적의사가 존재하는 한 그 행위의 주된 목적이 아니거나 다른 목적과 병존하고 있어도 목적의사가 있음이 인정된다.

예를 들어, 금품 등을 제공받은 당해 선거인의 투표행위에 직접 영향을 미칠 목적을 가진 경우뿐만 아니라, 그 선거인으로 하여금 타인의 투표의사에 영향을 미치게 하는 행위나 특정 후보자의 당락에 영향을 미치게 하는 행위를 하게 할 목적으로 금품 등을 제공하는 경우에도 본죄가 성립한다(대법원 2008. 10. 9. 선고 2008도6233 판결). 또한, 투표하게 하기 위하여 사람들을 투표소까지 차량으로 이동시킨 행위, 다른 정당 후보자의 선거사무장에게 특정 정당을 탈당하고 자신의 정당에 입당할 것을 권유하는 행위, 선거가 끝나면 마을 골목길 포장공사를 하여 주겠다고 약속하는 행위 등에서 본죄의 목적이 인정되었다(전주지방법원 남원지원 2016. 10. 4. 선고 2016고합26 판결, 서울지방법원 동부지원 1981. 7. 24. 선고 81고합91 판결, 창원지방법원 1991. 11. 14. 선고 91고합252 판결).

다. 기수시기

본조 중 ① 제공죄는 재산상 이익 또는 공사의 직을 현실적으로 제공하고 상대방이 그 취지를 인식하면서 이를 수령한 때에 비로소 기수, 즉 죄가 성립한 때가 된다. 일단 재산상 이익 등이 제공되어 상대방이 이를 수령하였다면, 이후에 상대방이 그 이익 등을 제공한 자에게 반환하였다고 하더라도 이미 본죄는 성립한 후이다. ② 제공의사표시죄는 제공하는 자가 금전·물품 등의 제공의사를 상대방에게 표시하고 그 의사가 상대방에게 도달하면 성립한다. 이때 '도달'이란 의사표시가 상대방에게 직접 도달한 경우는 물론, 상대방이 알 수 없었더라도 그 가족·고용인 등에게 의사표시가 도달하여 사회통념상 일반적으로 상대방이 이를 인식할 수 있는 객관적 상태에 이른 경우를 의미한다. ③ 제공약속죄는 재산상의 이익의 제공 및 그 수령에 관하여 제공하는 자와 제공받는 자 사이의 의사가 일치하는 때에 기수가 된다.

라. 죄수

하나의 행위로 동시에 수명을 매수한 경우의 죄수에 관하여 포괄일죄설과 상상적 경합설이 대립하나, 본죄의 보호법익이 선거의 자유·공정이라는 사회적 법익인 점을 고려하였을 때, 포괄일죄로 처리하는 것이 타당할 것이다. 즉, 행위의 기수가 되는 시점은 포괄일죄 중 마지막 범행이 기수가 된 때이다. 여러 개의 행위로 1인을 매수하였을 경우는 범의의 단일성, 시간의 근접성이 인정된다면 포괄일죄로 해석해야 할 것이고, 여러 개의 행위로 여러 명을 매수하였을 경우는 각 실체적 경합이 된다. 매수를 받은 자가 이를 이용하여 다른 사람을 매수하였을 경우는 별개의 수수죄와 제공죄가 각 성립한다.

마. 처벌

본죄를 범한 자는 5년 이하의 징역 또는 3천만 원 이하의 벌금에 처한다. 정당·후보자·선거사무장 등 선거관계자와 선거관리위원회의 위원·직원·선거사무에 관계있는 공무원, 경찰공무원 등은 그 신분에 따라 가중처벌된다(제230조 제2항, 제5항).

본죄를 범한 자가 받은 이익은 몰수하고, 그 전부 또는 일부를 몰수할 수 없을 때에는 그 가액을 추징한다(제236조). 이는 필요적 몰수이다. 몰수의 선고는 이익을 받은 자 또는 교부를 받은 자에 대하여 이루어진다. 예를 들어, 본조의 수수죄를 범한 A가 다른 선거인 B를 매수하기 위하여 다시 자기가 받은 이익을 사용하였다면, 몰수는 최종적으로 그 이익을 받은 B에 대하여 이루어진다. 만약 A가 그 이익을 처음 제공한 C에게 반환하였다면, 몰수의 선고는 그 이익을 가지고 있는 C에 대하여 이루어진다. 몰수의 대상은 제230조부터 제235조까지의 죄로 인하여 불법하게 얻은 이익에 한하므로, 실제로 이익의 수수나 교부 없이 그 이익을 제공하는 의사를 표시하거나 약속한 것에 불과한 경우는 몰수나 추징을 할 수 없다.

2. 이해유도죄(제230조 제1항 제2호, 제3호)

가. 의의

이해유도죄란 선거운동에 이용할 목적으로 공공기관이나 각종 기관·단체·시설 또는 모임에 금품을 제공하는 등으로 그 이해를 유도하는 행위를 처벌하는 규정이다. 이를 위반하면 5년 이하의 징역 또는 3천만 원이하의 벌금에 처해질 수 있다.

나. 구성 요건

1) 행위 주체

이해유도죄의 행위 주체는 누구나 될 수 있다. 즉 후보자(예비후보자 포함)나 그 선거운동관계자는 물론 제3자도 본죄의 주체가 될 수 있다. 또한, 본죄의 행위자가 상대방 단체 등에 대하여 한 의사표시나 약속 등을 실제로 실현할 권한이 있는지 또는 실행이 가능한 것인지 여부와 상관없이 본죄는 성립한다.

2) 행위 상대방

이해유도죄의 행위 상대방은 ① '학교 그 밖에 공공기관·사회단체·종교단체·노동단체·청년단체·여성단체·노인단체·재향군인단체·씨족단체 등의 기관·단체·시설'(제2호)과 ② '야유회·동창회·친목회·향우회·계모임 기타의 선거구민의 모임이나 행사'(제3호) 등이다.

가) 기관·단체·시설

기관·단체·시설 등은 일정한 공동목적을 가진 다수인의 계속적인 조직을 의미한다. 본조 제2호에 열거된 각 단체들은 본죄의 상대방을 예시적으로 규정한 것에 불과하므로, 공동목적을 가지고 있는 다수인의 계속적인 조직이라면 본죄의 상대방에 해당한다. 다만, 이때의 기관·단체·시설 등은 범행 당시 존재하고 있어야 한다. 즉 앞으로 조직될지도 모르는 기관 등은 본죄의 상대방에 포함되지 않는다. 또한, 기관은 중앙기관이나 본부뿐만 아니라, 그 산하기관이나 지부조직, 지방자치단체나 행정기관 등을 모두 포함한 것을 의미한다.

나) 선거구민의 모임이나 행사

모임이나 행사는 일정한 공동목적을 가진 다수인의 일시적인 집합을 의미한다. 이때 다수인은 선거구민을 의미한다. 다만, 모임·행사 중에서도 총동창회와 같이 중앙조직으로 볼 수 있는 것은 선거구민들로 구성될 필요는 없을 것이다.

3) 구체적 행위

가) 금전·물품 등 재산상의 이익

금전·물품·음식물 등 재산상의 이익은 제1호 매수죄에서 설명한 것과 같다. 이는 재산상의 이익을 예시적으로 규정한 것이므로, 사람의 욕망을 충족시킬 수 있는 모든 물건이나 이익 등이 재산상 이익에 포함된다.

나) 제공, 제공의 의사표시 및 제공의 약속

제공, 제공의 의사표시 및 제공의 약속은 제1호 매수죄에서 설명한 것과 같다. 이때의 제공 등은 반드시 단체나 집회 등의 대표자에 대하여 이루어질 필요는 없고 그 재산상의 이익이 단체나 집회 등에 귀속되게 하면 충분하다.

4) 주관적 구성 요건

이해유도죄가 성립하기 위해서는 '선거운동에 이용할 목적'이 있어야 한다. 이는 행위의 상대방인 단체나 집회의 조직력을 선거운동에 활용하려는 목적을 의미하는 것으로, 위 단체·집회가 직접 선거운동을 하는 경우뿐만 아니라, 행위자가 선거운동의 한 방법으로서 위 단체·집회 등에 재산상의 이익을 제공하는 경우도 포함된다.

다. 처벌

본죄를 범한 자는 5년 이하의 징역 또는 3천만 원 이하의 벌금에 처한다. 정당·후보자·선거사무장 등 선거관계자와 선거관리위원회의 위원·직원·선거사무에 관계있는 공무원, 경찰공무원 등은 그 신분에 따라 가중처벌된다(제230조 제2항, 제5항).

3. 선거운동 관련 이익제공금지규정 위반죄

(제230조 제1항 제4호, 제135조 제3항)

가. 의의

선거운동 관련 이익제공금지규정 위반죄란 선거법에 규정된 수당과 실비 외의 선거운동과 관련된 수당·실비 기타 자원봉사에 대한 보상 등 그 명목과 상관없이 선거운동과 관련한 금품의 지급 등을 금지하는 규정 이다. 이를 위반하면 5년 이하의 징역 또는 3천만 원 이하의 벌금에 처해 질 수 있다.

나. 구성 요건

1) 행위 주체

본죄의 행위 주체는 누구나 될 수 있다. 해당 선거구 밖에 있는 자도 본죄의 주체가 될 수 있다.

2) 행위 상대방

본죄의 행위 상대방은 누구나 될 수 있다. 공직선거법에 따라 수당과 실비를 지급받을 수 있는 선거사무관계자라도 하더라도 그들이 받을 수 있는 법정 한도액을 초과하여 수당과 실비 등을 지급하는 경우 본죄가 성립되고, 선거사무원으로 신고하지 아니한 배우자·자녀에게 선거사무 원 수당 명목으로 금품을 제공한 경우에도 본죄가 성립한다(대법원 2005. 2.

18. 선고 2004도6795 판결). 나아가 신고하지 않은 선거사무장에 대하여 수당과 실비 명목으로 금품이나 이익을 제공한 행위도 본죄에 해당한다(대법원 2006. 3. 10. 선고 2005도6316 판결). 만약 신고일 이전 기간에 대해 수당과 실비 명목으로 금품이 제공되었다면 이는 공직선거법 제135조 제3항을 위반하여 금품을 제공한 경우에 해당된다(대법원 2017. 11. 14. 선고 2017도8913 판결).

3) 구체적 행위

가) 금품 기타 이익

금품 기타 이익은 제1호 매수죄에서 설명한 것과 같다. 이는 예시적 규정으로서 사람의 욕망을 충족시킬 수 있는 모든 물건이나 이익 등을 포함한다. 다만, 본조는 이를 '이익'이라고 명시하여 제1호 매수죄의 재산상 이익과 다르게 표현하고 있는데, 이때 '이익'은 재산상 이익보다 넓은 범주를 포괄하는 개념으로서, 재산상 이익은 물론 재산상 이익으로 볼 수 없는 이익(예를 들어 공사의 직을 제공하거나 명예를 높일 수 있는 기회를 주는 등 금전 등과 관계되지 않은 것들)을 포함한 모든 종류의 이익을 의미한다고 해석함이 타당하다.

나) 제공, 제공의 의사표시 및 제공의 약속

제공, 제공의 의사표시 및 제공의 약속은 제1호 매수죄에서 설명한 것과 같다.

다) 제공시기

선거일 이전뿐만 아니라, 선거일 이후에도 선거운동과 관련하여 금품 등이 제공되었다면 본죄가 성립한다. 즉, 선거일 이후의 행위라고 하더라도 그 행위가 선거운동과 관련하여 이루어진 것으로서 단지 제공의 시기만 늦어진 것으로 볼 수 있다면 본죄가 성립한다.

4) 주관적 구성 요건

본죄가 성립하기 위해서는 '선거운동과 관련하여' 본조의 행위가 이루어져야 한다. '선거운동과 관련하여'는 선거운동과 어느 정도 관련성을 가지고 있는 것을 의미하고, 선거운동 그 자체를 목적으로 하는 '선거운동을 위하여'보다 넓은 범주를 포함한다. 즉, 금품 제공을 하는 명목과 상관없이 실질적으로 금품 제공이 선거운동과 관련한 것이면 본죄가 성립하고, 반드시 금품 제공이 선거운동의 대가일 필요도 없어서 선거운동에 관한 정보 제공의 대가, 선거사무관계자 스카우트 비용 등과 같이 선거운동과 관련된 것이면 무엇이든 이에 포함된다(대법원 2010. 12. 23. 선고 2010도9110 판결).

다. 위법성 조각사유

위법성 조각사유란 어떠한 행위가 범죄의 구성 요건을 충족시키지만 그 행위가 위법하다고 볼 수 없는 사유로서, 위법성 조각사유가 존재하는 경우 해당 범죄는 성립하지 않는다. 본죄의 경우, 후보자의 회계책임자가 자원봉사자인 후보자의 배우자·직계혈족 기타 친족 등에게 식사를 제공하는 행위는 지극히 정상적인 생활 형태의 하나로서 사회상규에 위배되지 않으므로 위법성이 없어 본죄가 성립하지 않는다(대법원 1999. 10.

22. 선고 99도2971 판결).

라. 죄수

본조의 선거운동 관련 금품제공행위는 그 금품 등을 제공받은 자마다 각 1죄가 성립하고, 이는 실체적 경합범의 관계에 있다.

마. 처벌

본죄를 범한 자는 5년 이하의 징역 또는 3천만 원 이하의 벌금에 처한다. 정당·후보자·선거사무장 등 선거관계자와 선거관리위원회의 위원·직원·선거사무에 관계있는 공무원, 경찰공무원 등은 그 신분에 따라 가중처벌된다(제230조 제2항, 제5항). 또한, 본죄를 범한 자가 받은 이익은 몰수하고, 그 전부 또는 일부를 몰수할 수 없을 때에는 그 가액을 추징한다(제236조). 이는 필요적 몰수이다.

4. 탈법방법에 의한 문자 전송 등 관련 이익제공금지규정 위반죄(제230조 제1항 제5호)

가. 의의

탈법방법에 의한 문자 전송 등 관련 이익제공금지규정 위반죄란 공직선거법에서 허용되지 않는 방법으로 인터넷 게시판 등에 문자, 동영상 등을 게시하거나, 이메일·휴대전화의 문자메시지를 전송하게 하고 그 대가로 금품 등을 제공하는 경우를 처벌하는 규정이다. 이를 위반하면 5년 이하의 징역 또는 3천만 원 이하의 벌금에 처해질 수 있다. 본조는 타인으로 하여금 공직선거법 제93조(탈법방법에 의한 문서·도화의 배부·게시 등 금지)에 규정된 탈법방법에 의한 문서배부행위 등을 하도록 하고 그 대가로 금품 등을 제공하는 경우를 처벌하려는 것인데, 위 제93조와 달리 '선거일 전 180일 이전'이라는 시간적 제한과 '정당 또는 후보자를 지지·추천'이라는 내용적 제한이 없다.

나. 구성 요건

1) 행위 주체

본죄의 행위 주체는 누구나 될 수 있다. 다만, 후보자가 선거운동관계자 등에게 탈법방법에 의한 문자전송 등 본조에 정해진 행위를 하도록 하고, 그 대가로 금품 등을 제공하는 경우 본죄와 공직선거법 제230조 제1항 제4호의 선거운동 관련 이익제공금지규정 위반죄는 상상적 경합 관계에 있다(대법원 2017. 12. 5. 선고 2018도13458 판결).

2) 행위 상대방

본죄의 행위 상대방은 누구나 될 수 있다. 즉 행위자가 선거사무관계자가 아닌 자에게 본조에서 정한 행위를 하더라도 본죄가 성립한다.

3) 구체적 행위

'선거에 영향을 미치게 하기 위하여 이 법에 따른 경우를 제외하고 문자·음성·화상·동영상 등을 인터넷 홈페이지의 게시판·대화방 등에 게시하거나 전자우편·문자메시지로 전송하게 하고 그 대가로 금품, 그밖에 이익의 제공 또는 그 제공의 의사표시를 하거나 그 제공을 약속하는 것'이다.

가) 이 법에 따른 경우를 제외하고

'이 법에 따른 경우'란 공직선거법 제135조 제1항의 규정에 의하여 수당과 실비를 지급받을 수 있는 선거사무장 등과 같은 자들에게 문자메시지 전송 등 선거에 영향을 미치는 행위를 하게 하고, 그 대가로 규정된 금액의 범위 안에서 금품을 제공하는 경우만을 의미한다. 즉, 위와 같이 공직선거법에 따라 금품 제공이 허용되는 경우 이외의 행위를 한다면, 비록 그 행위가 공직선거법에서 허용된다고 하더라도 본죄가 성립할 수 있다.

예를 들어, 후보자의 자원봉사자가 경쟁후보자의 병역비리 의혹에 대한 동영상을 인터넷에 유포하는 대가로 5백만 원을 제공하기로 약속한 경우, 위 동영상 내용이 진실한 사실로서 공공의 이익에 관한 것이어서 공직선거법 제251조(후보자비방죄) 단서에 의하여 위와 같은 유포 행위가 위법성이 조각되어 공직선거법에서 허용되는 행위라고 하더라도, 그 행위에 대한 대가로 금품을 제공하는 것은 공직선거법에 따른 경우가 아니므로 본죄가 성립한다(전주지방법원 2015. 1. 8. 선고 2014고합287 판결).

나) 금품 등 제공

금품 등 제공은 제1호 매수죄에서 설명한 것과 같다.

4) 주관적 구성 요건

본죄가 성립하기 위하여는 '선거에 영향을 미치게 하기 위한다'라는 목적이 필요하다. 이는 '선거운동에까지 이르지 않더라도 선거에 어떠한 영향을 미칠 목적'이 있는 경우를 말한다. 구체적으로 '선거에 영향을 미치게 하기 위한다'라는 목적은 '선거운동을 위하여'보다 광범위한 개념으로서 비록 선거운동까지는 아니더라도 그 행위로써 선거에 영향을 미쳐 선거의 공정성과 평온성을 침해하려는 행위를 의미한다. 본죄는 그러한 탈법적인 행위를 차단함으로써 공공의 이익을 도모하려는 것이 입법취지이므로 그 행위의 시기, 동기, 경위와 수단 및 방법, 행위의 내용과 태양, 행위 당시의 상황 등 모든 사정을 종합하여 '선거에 영향을 미치게 하려는 목적'이 있었는지에 관하여 사회통념에 비추어 합리적으로 판단하여야 할 것이다.

다. 처벌

본죄를 범한 자는 5년 이하의 징역 또는 3천만 원 이하의 벌금에 처한다. 본죄를 범한 자가 받은 이익은 몰수하고, 그 전부 또는 일부를 몰수할 수 없을 때에는 그 가액을 추징한다(제236조). 이는 필요적 몰수이다.

5. 투표참여 권유행위 대가 이익제공금지규정 위반죄(제230조 제1항 제6호)

가. 의의

투표참여 권유행위 대가 이익제공금지규정 위반죄는 타인으로 하여금 공직선거법에서 허용되지 않는 방법으로 투표참여를 권유하는 행위를 하도록 하고, 그 대가로 금품 등을 제공하는 행위를 처벌하는 규정이다. 이를 위반하면 5년 이하의 징역 또는 3천만 원 이하의 벌금에 처해질 수 있다. 이때의 투표참여 권유행위는 선거운동이 아닌 행위이다(제58조의2).

나. 구성 요건

1) 행위 주체
본죄의 행위 주체는 누구나 될 수 있다.

2) 행위 상대방
본죄의 행위 상대방은 누구나 될 수 있다.

3) 구체적 행위
'정당의 명칭 또는 후보자(후보자가 되고자 하는 자 포함)의 성명을 나타내거나 그 명칭·성명을 유추할 수 있는 내용으로 제58조의2에 따른 투표참여를 권유하는 행위를 하게 하고, 그 대가로 금품, 그 밖에 이익의 제공 또는 그 제공의 의사표시를 하거나 그 제공을 약속하는 것'이다.

가) 정당의 명칭 또는 후보자(후보자가 되고자 하는 자 포함)의 성명을 나타내거나 그 명칭·성명을 유추할 수 있는 내용으로 제58조의2에 따른 투표참여를 권유하는 행위

공직선거법 제58조의2에 따라 누구든지 투표참여를 권유하는 행위를 할 수 있다. 그러나 ① 호별로 방문하여 하는 경우(제1호), ② 사전투표소 또는 투표소로부터 100미터 안에서 하는 경우(제2호), ③ 특정 정당 또는 후보자를 지지·추천하거나 반대하는 내용을 포함하여 하는 경우(제3호), ④ 정당의 명칭 또는 후보자의 성명 또는 그 명칭·성명을 유추할 수 있는 내용을 나타낸 현수막 등 시설물, 인쇄물, 확성장치·녹음기·녹화기 등 표시물을 사용하여 하는 경우(제4호)는 허용되지 않는다(제58조의2 단서).

이 중 제3호와 제4호는 규정된 행위 자체만으로도 정당의 명칭 또는 후보자의 성명을 나타내거나 이를 유추할 수 있는 경우에 해당하므로 그 대가로 금품 등이 제공되었다면 본죄가 성립한다. 반면, 제1호와 제2호의 경우는 각 행위가 정당의 명칭 또는 후보자의 성명을 나타내지 않거나 이를 유추하기 어려운 방법으로도 이루어질 수 있으므로, 그러한 내용으로 권유행위가 이루어졌다는 점에 관한 입증이 필요하다.

나) 투표참여를 권유하는 행위에 대한 대가로

본조는 '투표참여를 권유하는 행위에 대한 대가로' 금품 등을 제공하는 경우에 처벌할 수 있다고 규정하고 있다. 그러므로, 그 적용범위는 '투표참여를 권유하는 행위와 관련하여'인 경우보다 좁게 해석해야 한다.

다) 금품 등 제공

금품 등 제공은 제1호 매수죄에서 설명한 것과 같다.

다. 죄수

공직선거법 제256조 제3항 제3호는 제58조의2 단서를 위반하여 투표 참여를 권유하는 행위를 하는 경우에는 2년 이하의 징역 또는 4백만 원 이하의 벌금에 처하도록 규정하고 있다. 이에 따라 타인에게 정당이나 후보자의 명칭·성명을 나타내거나 유추할 수 있는 방법으로 투표참여 를 권유하는 행위를 하도록 지시하고 그에 대한 대가로 금품 등을 제공 한 경우, 본죄와 공직선거법 제256조 제3항 제3호 위반죄가 성립하고 양 죄는 실체적 경합관계에 있다. 다만, 선거운동기간 중 특정 정당 또는 후 보자를 지지·추천하거나 반대하는 내용의 투표참여 권유행위를 한 경 우는 본죄만이 성립할 것이다.

한편, 정당이나 후보자의 명칭·성명을 나타내거나 유추할 수 있는 방 법으로 투표참여 권유행위를 한 것이 특정 후보에 대한 선거운동으로 인 정될 수 있는 경우에는 본죄와 선거운동 관련 이익제공금지규정 위반죄 (제230조 제1항 제4호)는 상상적 경합관계에 있다고 해석할 수 있다.

라. 처벌

본죄를 범한 자는 5년 이하의 징역 또는 3천만 원 이하의 벌금에 처한다. 본죄를 범한 자가 받은 이익은 몰수하고, 그 전부 또는 일부를 몰수할 수 없을 때에는 그 가액을 추징한다(제236조). 이는 필요적 몰수이다.

6. 매수를 받는 죄(제230조 제1항 제7호)

가. 의의

매수를 받는 죄는 공직선거법 제230조 제1항 제1호부터 제6호까지의 죄를 범한 자로부터 그에 따른 이익 등을 받은 자를 처벌하기 위한 규정이다. 이를 위반하면 5년 이하의 징역 또는 3천만 원 이하의 벌금에 처해질 수 있다.

나. 구성 요건

1) 행위 주체

공직선거법 제230조 제1항 제1호부터 제6호까지 규정된 행위의 각 상대방이 본죄의 주체이다.

2) 구체적 행위

공직선거법 제230조 제1항 제1호부터 제6호까지 규정된 이익 또는 직의 제공을 받거나, 제공의 의사표시를 승낙하는 것이다. 다만, 공직선거법 제261조 제9항 제2호에 따라 '제230조 제1항 제7호에 규정된 자로서 같은 항 제5호의 자로부터 금품, 그 밖의 이익을 제공받은 자'는 과태료 대상으로서 본죄에 포함되지 않는데, 이때에도 그 제공받은 금액이 백만 원을 초과하는 경우는 과태료 부과대상이 아니므로 본죄에 따라 처벌받는다.

가) 제1호부터 제6호까지 규정된 이익 또는 직

공직선거법 제230조 제1항 제1호부터 제6호까지 각 부분에서 설명한 것과 같다.

나) 제공을 받거나

'제공을 받는다'란 상대방이 제공하는 이익 또는 직을 그와 같이 제공하는 이유나 사정을 알면서 취득하는 행위를 의미하고, 제공받는 자가 그 이익 또는 직을 현실적으로 지배하는 상태가 되면 본죄가 성립한다. 제공받은 자가 제공받은 금품 등을 어디에 지출하든 그 용도와 상관없이 본죄가 성립하고, 이후 제공받은 이익을 원래 제공한 자에게 반환했다거나 처음부터 반환을 약속하고 이익 등을 제공받아도 본죄가 성립한다. 그 외는 제1호 매수죄에서 설명한 것과 같다.

다) 제공의 의사표시를 승낙

'제공의 의사표시'는 제1호 매수죄에서 설명한 것과 같다. '승낙'이란 상대방의 제공의 의사표시에 대하여 수동적으로 이를 받아들이는 의사를 표시하는 것을 의미한다. 나아가 적극적으로 승낙의 의사표시를 하지 않았다고 하더라도 사안에 따라 승낙한 것으로 볼 여지가 있다. 이는 상대방이 제공을 '약속'한 경우에도 동일하게 해석된다.

3) 주관적 구성 요건

매수를 받는 자에게 그 매수를 받는 특별한 이유나 목적이 필요하지는 않다. 다만, 제230조 제1항 제1호부터 제4호까지의 상대방인 경우에는 각호와 관련하여 제공하는 자가 어떠한 목적과 의도에서 금품 등을 제공하려는 것인지에 관한 인식은 있어야 하고, 이는 미필적 인식으로 충분하다. 자신을 매수하려는 제공하는 자의 의사를 인식한 이상, 제공받은 이후에 제공하는 자의 의도대로 행동하거나, 제공하는 자의 의사에 반하여 아무런 행동을 하지 않거나 또는 제공하는 자의 의사를 오해하여 다른 후보자를 위하여 행동한다고 하더라도 모두 본죄가 성립한다. 본죄는 제공하는 자의 구체적인 의도를 인식할 것을 요구하는 것이 아니고, 제공하는 자가 제공받는 자의 의사를 금품 등으로 매수하려 한다는 의사가 있음을 인식할 것을 요구하기 때문이다.

다. 처벌

본죄를 범한 자는 5년 이하의 징역 또는 3천만 원 이하의 벌금에 처한다. 정당·후보자·선거사무장 등 선거관계자와 선거관리위원회의 위원·직원·선거사무에 관계있는 공무원, 경찰공무원 등은 그 신분에 따라 가중처벌된다(제230조 제2항, 제5항). 또한, 본죄를 범한 자가 받은 이익은 몰수하고, 그 전부 또는 일부를 몰수할 수 없을 때에는 그 가액을 추징한다(제236조). 이는 필요적 몰수이다. 본죄는 양벌규정(제260조) 및 자수자에 대한 특례규정(제262조)이 적용되는 전형적인 경우에 해당한다.

7. 정당·후보자 등의 매수 및 이해유도죄(제230조 제2항)

가. 의의

정당·후보자 등의 매수 및 이해유도죄는 정당이나 후보자 또는 선거사무장 등 선거운동과 관계있는 사람이나 회사·단체 등이 매수행위를 하거나 매수를 받을 경우 그 신분으로 인하여 일반인들보다 가중처벌되는 규정이다. 이를 위반하면 7년 이하의 징역 또는 5천만 원 이하의 벌금에 처해질 수 있다.

나. 구성 요건

1) 행위 주체

가) 정당·후보자(후보자가 되고자 하는 자 포함) **및 그 가족·선거사무장·선거연락소장·선거사무원·회계책임자·연설원**
제1호 매수죄에서 설명한 것과 같다.

나) 제114조(정당 및 후보자의 가족 등의 기부행위 제한) **제2항의 규정에 의한 후보자 또는 그 가족과 관계있는 회사 등**

① 후보자가 임·직원 또는 구성원으로 있거나 기금을 출연하여 설립하고 운영에 참여하고 있거나 관계법규나 규약에 의하여 의사결정에 실질적으로 영향력을 행사할 수 있는 회사 기타 법인·단체, ② 후보자의 가족이 임원 또는 구성원으로 있거나 기금을 출연하여 설립하고 운영에 참여하고 있거나 관계법규 또는 규약에 의하여 의사결정에 실질적으로 영향력을 행사할 수 있는 회사 기타 법인·단체, ③ 후보자가 소속한 정당이나 후보자를 위하여 설립한 「정치자금법」에 의한 후원회를 의미한다.

다) 후보자가 되고자 하는 자

'후보자가 되고자 하는 자'란 아직 후보자등록을 하지 않았으나, '후보자가 될 의사를 가진 자'를 의미한다. 이때 '후보자가 될 의사'란 반드시 외부에 공표되거나 확정적 결의를 할 필요는 없고, 선거에 입후보할 의사를 가진 것을 예상할 수 있으면 충분하다.

2) 구체적 행위

공직선거법 제230조 제1항 제1호부터 제7호에 규정된 행위를 하는 것으로 제1호 매수죄에서 설명한 것과 같다.

3) 주관적 구성 요건

본죄는 행위자의 신분에 따라 형벌이 가중처벌되는 것이므로 그 복적은 제1항 각호에서 규정한 목적과 같다.

다. 처벌

본죄를 범한 자는 7년 이하의 징역 또는 5천만 원 이하의 벌금에 처한다. 본죄를 범한 자가 받은 이익은 몰수하고, 그 전부 또는 일부를 몰수할 수 없을 때에는 그 가액을 추정한다(제236조). 이는 필요적 몰수이다.

8. 지시·권유·요구 및 알선죄(제230조 제3항)

가. 의의

지시·권유·요구 및 알선죄는 제230조 제1항 각 호 또는 제2항에 규정된 '매수 및 이해유도 등'의 당사자인 제공하는 자와 제공받는 자 사이에 개입하여 범행을 중개하거나 지시·권유하는 행위와 능동적으로 매수 및 선거인명부를 요구하는 행위를 처벌하는 규정이다. 이를 위반하면 7년 이하의 징역 또는 5천만 원 이하의 벌금에 처해질 수 있다. 한편, 본항 소정의 지시·권유·요구·알선에 해당하지 않는 공직선거법 제230조 제1항 제1호부터 제7호까지의 죄를 교사 또는 방조하는 경우 각 죄의 교사 또는 방조로 처벌될 수 있다.

나. 구성 요건

1) 행위 주체
본죄의 행위 주체는 누구나 될 수 있다.

2) 행위 상대방
본죄의 행위 상대방은 누구나 될 수 있다. 상대방이 지시·권유 등을 수락할 수 있는 지위에 없는 자라도 상관없고, 그 후보자의 당선을 도모하는 의사가 있는 사람이라면 누구든지 본죄의 행위 상대방이 될 수 있다.

3) 구체적 행위

가) 제1항 각 호의 1 또는 제2항에 규정된 행위에 관하여 지시·권유·요구 또는 알선

① '제1항 각 호의 1 또는 제2항에 규정된 행위'는 각 해당 부분에서 설명한 것과 같다.

② '지시'는 상대방에게 매수 및 이해유도 행위 또는 매수를 받는 행위를 하도록 일방적으로 시키는 것을 의미한다. 이에 따라 지시하는 자와 지시받는 자 사이에 일정 정도의 지휘·감독관계가 있어야 하지만, 그 지휘·감독 관계가 지시받는 자의 의사를 완전히 억압할 정도일 필요는 없다.

③ '권유'는 상대방이 매수행위를 하도록 하거나 그 상대방이 되도록 권하여 그에 관한 결심을 하도록 하는 것이다. 그 방법은 직접적이

든 간접적이든 불문한다.

④ '요구'는 상대방에게 능동적으로 매수행위를 하도록 요구하는 것
으로서, 요구한 사실 자체가 있으면 성립한다. 이에 따라 상대방이
요구를 거절하거나 또는 나중에 요구한 자가 그 요구를 스스로 취
소한다고 하더라도 본죄가 성립한다. 요구의 의사표시는 명시적·
묵시적 여부, 직접적·간접적 여부를 불문한다.

⑤ '알선'은 양자의 의사가 서로 합치되도록 조정·유도하는 행위로서
알선 이전에 당사자 사이에 이미 합의가 성립되었을 때는 알선에
해당하지 않는다. 그러나 당사자가 금품 액수 등을 의논하고 있을
때 그 금액의 협정에 관여하여 절충하는 일을 하였거나, 이미 금전
등을 제공할 의사가 있는 자에게 금전 제공을 쉽게 할 수 있도록
장소를 제공하는 행위 등이 알선행위에 해당한다.

**나) 지시·권유·요구 또는 알선의 결과 처음에 의도한 범죄가 실제로
발생하였는지 여부는 본죄의 성부에 영향을 미치지 않는다.**

4) 주관적 구성 요건

상대방이 ① 행하려는 범죄의 요건이 되는 불법한 목적을 인식하는
것 및 ② 지시·권유·요구·알선행위에 대한 인식이 필요하다.

다. 처벌

본죄를 범한 자는 7년 이하의 징역 또는 5천만 원 이하의 벌금에 처한

다. 본죄를 범한 자가 받은 이익은 몰수하고, 그 전부 또는 일부를 몰수할 수 없을 때에는 그 가액을 추징한다(제236조). 이는 필요적 몰수이다. 자수자에 대한 특례규정(제262조 제1항) 및 신분에 의한 가중처벌 규정은 적용되지 않는다.

9. 매수목적 금품운반죄(제230조 제4항)

가. 의의

매수목적 금품운반죄는 아직 매수 및 이해유도 행위로 직접 나아가지는 않았으나 그 행위에 사용될 우려가 있는 금품을 운반하다가 적발된 경우를 처벌하는 규정이다. 이를 위반하면 5년 이하의 징역 또는 3천만원 이하의 벌금에 처해질 수 있다.

나. 구성 요건

1) 행위 주체

본죄의 행위 주체는 누구나 될 수 있다. 운반행위자는 매수 및 이해유도죄의 행위자와 일치할 필요가 없고, 제3자를 통하여 다른 사람에게 배포될 금품을 그 제3자에게 전달하는 일을 맡은 자도 본죄의 행위 주체에 해당한다.

2) 구체적 행위

'선거기간 중 포장된 선물 또는 돈 봉투 등 다수의 선거인에게 배부하도록 구분된 형태로 되어 있는 금품을 운반'하는 것이다.

가) 선거기간 중

'선거기간'이란 대통령선거의 경우 후보자등록마감일의 다음날부터 선거일까지를 말하고, 국회의원선거와 지방자치단체의 의회의원 및 장의 선거의 경우 후보자등록마감일 후 6일부터 선거일까지의 기간을 의미한다(제33조 제3항). 이때 '선거일까지'란 해당 선거일이 종료될 때까지로서 투표 마감시간 이후 당일 24시까지를 의미한다.

나) 다수의 선거인에게 배부하도록

'다수'의 선거인에게 배부한다는 것은 본조에서 규정한 '운반 중인 금품'이 다수에게 배포하기 위하여 만들어졌다는 것을 의미하고, 다수의 운반 중인 금품이 존재하여야 한다는 의미는 아니다. 즉 이미 다수에게 배포가 되어 적발된 운반 중인 금품이 한 개에 불과하더라도 그 운반 중인 금품이 다수에게 배포하기 위하여 만들어진 것이라면 본죄가 성립한다. 다만, 처음부터 다수가 아닌 특정 사람에게만 배부하기 위한 금품이라면 본죄가 성립하기 어렵고, 다수라고 하더라도 '선거인'이 아닌 사람들에게 배부하기 위한 금품이었다면 본죄가 성립하지 않는다.

다) 구분된 형태로 되어 있는 금품

'금품'이란 금전과 물품을 의미하는 것으로 경제적 가치가 있는 구체적 물건을 의미하고, 추상적 이익인 재산상의 이익 등은 금품에 포함되지 않는다.

라) 운반

'운반'이란 어떤 물건을 장소적으로 이전하는 것을 의미한다. 장소적으로 물건을 이전하면 본조의 구성 요건을 충족하고 그 거리의 멀고 가까움 및 운반의 방법은 상관이 없다.

3) 주관적 구성 요건

'당선되거나 되게 하거나 되지 못하게 할' 목적, 즉 자신 또는 타인의 당락 목적이 있어야 한다. 또한, 운반하는 금품이 다수의 선거인에게 배부하기 위한 것이라는 인식이 있어야 한다.

다. 처벌

본죄를 범한 자는 5년 이하의 징역 또는 3천만 원 이하의 벌금에 처한다. 정당·후보자·선거사무장 등 선거관계자와 선거관리위원회의 위원·직원·선거사무에 관계있는 공무원, 경찰공무원 등은 그 신분에 따라 가중처벌된다(제230조 제2항, 제5항). 또한, 본죄를 범한 자가 받은 이익은 몰수하고, 그 전부 또는 일부를 몰수할 수 없을 때에는 그 가액을 추징한다(제236조). 이는 필요적 몰수이다.

10. 선거관리위원회 위원 등 공무원의 매수 및 이해유도죄(제230조 제5항)

가. 의의

선거관리위원회 위원 등 공무원의 매수 및 이해유도죄는 선거에 관하여 직무상 권한을 행사할 수 있는 선거관리위원회 위원·직원, 선거사무관계 공무원, 경찰공무원 등이 제230조 제1항 각호의 1 및 제2항에 규정된 행위를 하거나 하게 한 때는 일반인보다 그 위험성이 크므로 이를 가중처벌하는 규정이다. 이를 위반하면 7년 이하의 징역에 처해질 수 있다.

나. 구성 요건

1) 행위 주체

가) 선거관리위원회의 위원·직원(투표관리관 및 사전투표관리관 포함)
'선거관리위원회의 위원'이란 중앙선거관리위원회 위원, 시·도선거관리위원회 위원, 구·시·군선거관리위원회 위원, 읍·면·동선거관리위원회 위원을 의미하고(선거관리위원회법 제4조), '선거관리위원회의 직원'이란 각급 선거관리위원회의 직원을 의미한다(선거관리위원회법 제15조). 또한, 투표관리관 및 사전투표관리관도 본죄의 행위 주체에 포함된다.

나) 선거사무에 관계있는 공무원(선장 포함)

'선거사무에 관계있는 공무원'이란 투·개표사무 종사원, 기타 선거사무에 관하여 필요한 협조요구를 받아 종사하는 공무원을 의미하고, 선거관리위원회법 제38조 제2항 각호에 해당하는 선장을 포함한다(선거관리위원회법 제5조).

다) 경찰공무원(사법경찰관리 및 군사법경찰관리 포함)

'경찰공무원'은 경찰공무원법 제3조 소정의 경찰관 및 사법경찰관리의 직무를 수행할 자와 그 직무범위에 관한 법률에 의하여 사법경찰관리의 직무를 행하는 자를 의미한다.

라) 선거구 내 여부

선거관리위원회 위원·직원과 선거사무에 관계있는 공무원을 가중처벌하기 위해서는 가중처벌되는 행위가 위 사람들의 직무와 관계있는 선거구 내의 선거에 관한 것이어야 한다. 다만, 중앙선거관리위원회는 전국을 관할하므로 특정 선거구 내에 있을 것을 요구하지 않는다. 경찰공무원 등 역시 가중처벌되는 행위가 경찰공무원 등의 관할 구역 내에서 행하여지는 선거에 관한 것이어야 할 것이나, 당해 관할구역이 아닌 곳에서의 행위라 하더라도 당해 구역 내의 선거에 영향을 미치는 것과 같은 매수행위를 하는 경우에도 적용된다.

2) 구체적 행위

가) 제1항 각호의 1 또는 제2항에 규정된 행위
각 해당 부분에서 설명한 것과 같다.

나) 하게 하는
'하게 하는' 것은 그러한 행위를 할 결심을 새롭게 갖게 하는 것을 의미한다. 본죄는 행위 주체가 위 '제1항 각호의 1 또는 제2항에 규정된 행위'를 직접 하는 것뿐만 아니라 제3자가 이를 하려는 결의를 가지게 하는 것까지 포함한다.

3) 주관적 구성 요건
공직선거법 제1항 각호에서 규정하고 있는 목적이 있으면 된다.

다. 처벌

본죄를 범한 자는 7년 이하의 징역에 처하고, 벌금형은 없다. 본죄를 범한 자가 받은 이익은 몰수하고, 그 전부 또는 일부를 몰수할 수 없을 때에는 그 가액을 추징한다(제236조). 이는 필요적 몰수이다. 양벌규정(제260조)은 적용되지 않는다.

11. 정당후보자 추천 관련 금품수수죄

(제230조 제6항, 제47조의2)

가. 의의

정당후보자 추천 관련 금품수수죄는 누구든지 정당이 특정인을 후보자로 추천하는 일과 관련하여 금품 그 밖의 재산상의 이익 또는 공사의 직을 제공하는 등의 행위 또는 이를 지시·권유·요구·알선하는 행위를 금지하는 규정이다. 이를 위반하면 5년 이하의 징역 또는 오백만 원 이상 3천만 원 이하의 벌금에 처해질 수 있다.

나. 구성 요건

1) 행위 주체

본죄의 행위 주체는 누구나 될 수 있다. 공직선거에 후보를 추천하는 정당을 포함한 모든 사람이나 단체가 본죄의 행위 주체가 될 수 있고, 제공받은 당사자가 정당인 경우에는 업무를 수행하는 정당의 기관인 자연인이 공직선거법 제47조의2 제1항 규정에 위반한 자가 된다.

2) 구체적 행위

가) 정당이 특정인을 후보자로 추천하는 일

'정당이 특정인을 후보자로 추천하는 일'이란 정당이 공직선거에 출마할 당해 정당 소속 후보자를 추천하는 것, 즉 공천을 의미한다. 나아가 대법원은 '정당이 특정인을 후보자로 추천하는 일'에 창당준비위원회의 활동 결과 장차 성립될 정당 또는 아직 구체적인 후보자 추천 절차가 존재하지 않는 정당이 특정인을 후보로 추천하는 일도 포함된다고 해석하고 있다(대법원 2018. 2. 8. 선고 2017도17838 판결).

나) 관련성

공천과의 '관련성'이란 금품이나 재산상의 이익 또는 공사의 직의 제공 등이 정당이 특정인을 후보자로 추천하는 것의 직접적인 대가 또는 사례에 해당하거나, 그렇지 않더라도 정치자금의 제공이 후보자 추천에 어떠한 형태로든 영향을 미칠 수 있는 경우를 의미한다(대법원 2009. 5. 14. 선고 2008도11040 판결). 이러한 '관련성'의 판단은 단순히 금품의 액수뿐만 아니라, 금품을 지급하게 된 경위, 후보자 추천을 받은 사람의 정치 경력 및 정치인으로서 인지도, 후보자 추천에 관여한 사람과 후보자 추천을 받은 사람 사이 관계 등 여러 사정을 종합하여 고려된다.

다. 처벌

본죄를 범한 자는 5년 이하의 징역 또는 5백만 원 이상 3천만 원 이하의 벌금에 처해진다. 또한 본죄를 범하여 벌금형의 선고를 받고 그 형이 확정된 후 아직 10년이 경과하지 않은 자(형이 실효된 자 포함)는 피선거권이 상실된다.

12. 당내경선 관련 매수 및 이해유도죄

(제230조 제7항, 제57조의5)

가. 당원 등 매수금지 위반죄(제230조 제7항 제1호·제2호, 제57조의5 제1항)

1) 의의

본죄는 정당의 내부 경선에서 특정인의 당선이나 낙선에 영향을 미칠 목적으로 경선선거인 또는 경선선거인의 배우자나 직계존비속을 매수하는 행위(제230조 제7항 제1호 및 제57조의5 제1항)와 특정인의 당선이나 낙선 또는 경선선거인의 투표의사에 영향을 미칠 목적으로 경선후보자, 경선선거운동관계자, 경선선거인 또는 참관인을 매수하는 행위(제230조 제7항 제2호)를 처벌하는 규정이다. 이를 위반하면 3년 이하의 징역 또는 1천만 원 이하의 벌금에 처해질 수 있다.

2) 구성 요건

가) 행위 주체

본죄의 행위 주체는 누구나 될 수 있다. 매수행위를 하는 자가 경선후보자이거나 경선운동관계자일 것을 요구하지 않고, 특정 정당의 당원인지도 불문한다.

나) 행위 상대방

① '경선선거인'이란 각 정당의 당헌·당규 등에 의하여 정당 내부 경

선의 선거인명부에 등재된 사람만을 의미한다. 즉, 제230조 제1항 제1호 매수죄와 달리 선거인명부작성 전 선거인명부에 오를 자격이 있는 사람은 '경선선거인'에 포함되지 않는다. 또한 경선선거인의 배우자나 경선선거인의 직계존비속도 본죄의 행위 상대방에 포함된다.

② '경선후보자'란 각 정당의 당헌·당규 등에 의하여 등록된 후보자만을 의미한다. 즉, 후보자가 되고자 하는 자는 본죄의 행위 상대방에 포함되지 않는다.

③ '경선운동관계자'란 넓은 의미에서 정당 내부 경선운동에 관여하거나 기타 당내경선에 관한 사무를 담당하고 처리하는 사람을 포괄적으로 지칭한다. 구체적으로 직접적으로 당내경선사무에 종사하거나 그 절차에 관여하는 사람은 물론, 다른 경선후보자의 경선운동관계자와 행위자가 특정 경선후보자의 선출을 돕기 위하여 금품 제공 등의 행위를 한 경우 해당 경선후보자의 경선운동관계자 등도 '경선운동관계자'에 포함된다.

④ '참관인'은 제230조 제1항 제1호 매수죄에서 설명한 것과 같다.

다) 구체적 행위

① '당내경선'이란 정당이 공직선거에 정당 소속 후보자를 추천하기 위하여 2명 이상의 경선후보자 중 당해 정당의 당헌·당규에 따라 선거권자로 구성된 선거인단이 선거를 통하여 당해 정당의 공직선거 후보자를 선출하는 방법만을 의미한다.

② '당내경선에 관련하여'란 '해당 정당의 당내경선 시기 또는 그즈음

에 투표나 경선운동, 당선 등 경선에 관한 것을 동기로 하여' 행위
하는 것을 의미한다. 다만, 공직선거법 제57조의5에 따라 경선운
동기구를 방문한 사람이나 그 개소식에 참석한 사람에서 일반적인
범위 안에서 용인되는 다과류의 음식물(주류 제외)을 제공하는 경우
와 같이 중앙선거관리위원회 규칙이 정하는 의례적인 행위는 제외
된다.

라) 주관적 구성 요건

본죄는 '당내경선에서 특정인이 후보자로 선출되거나 되게 하거나
되지 못하게 할 목적'이 있어야 성립한다. 위와 같은 목적이 있으면 본
죄가 성립하고, 행위를 통하여 실제로 목적을 달성하였는지는 고려하
지 않는다.

4) 처벌

본죄를 범한 자는 3년 이하의 징역 또는 1천만 원 이하의 벌금에 처해
진다. 또한 본죄를 범한 자가 받은 이익은 몰수하고, 그 전부 또는 일부
를 몰수할 수 없을 때에는 그 가액을 추징한다(제236조). 양벌규정(제260조)
은 적용되지만, 자수자에 대한 특례규정(제262조)은 적용되지 않는다.

나. 후보자에 대한 매수 및 이해유도죄(제230조 제7항 제1호, 제57조의5 제2항)

1) 의의

본죄는 당내경선에서 후보자가 되고자 하는 자 또는 후보자에 대하여

후보자가 되지 않게 하거나 후보자가 된 사람을 사퇴하게 하려는 목적으로 사전·사후 매수행위를 하거나, 그 매수행위를 받아들인 자를 처벌하는 규정이다. 이를 위반하면 3년 이하의 징역 또는 1천만 원 이하의 벌금에 처해질 수 있다.

2) 구성 요건

가) 행위 주체
본죄의 행위 주체는 누구나 될 수 있다.

나) 행위 상대방
① 제57조의5 제2항 전단에 관하여는 '후보자' 또는 '후보자가 되고자 하는 자'가 행위의 상대방이다. ② 제57조의5 제2항 후단에 관하여는 상대방의 제한이 없다.

다) 구체적 행위
① '당내경선과 관련하여' ② '제57조의5 제1항의 규정에 따른 이익제공행위 등을 하거나'(제57조의5 제2항 전단) ③ '그 이익이나 직의 제공을 받거나 제공의 의사표시를 승낙'하는 것(제57조의5 제2항 후단)이다.

라) 주관적 구성 요건
① '후보자가 되지 않게 할 목적'이란 후보자등록을 하기 전에 입후보를 할 것으로 예상되는 특정인에게 입후보할 것을 포기하게 하려는 의사

를 의미한다. ② '후보자가 된 것을 사퇴하게 할 목적'이란 이미 후보자등
록을 한 후보자로 하여금 입후보 의사를 철회하게 하려는 의사를 의미한
다. ③ 위와 같은 목적을 가지고 후보자가 되려는 자나 후보자에게 제57
조의5 제2항의 행위를 실제로 한 사실만 있으면 본죄를 위반한 것이 되
고, 위와 같은 행위로 인하여 실제로 입후보의 포기나 후보자의 사퇴 등
처음에 의도하였던 결과가 발생할 필요는 없다.

3) 처벌

본죄를 범한 자는 3년 이하의 징역 또는 1천만 원 이하의 벌금에 처해
진다. 또한 본죄를 범한 자가 받은 이익은 몰수하고, 그 전부 또는 일부
를 몰수할 수 없을 때에는 그 가액을 추징한다(제236조). 양벌규정(제260조)
은 적용되지만, 자수자에 대한 특례규정(제262조)은 적용되지 않는다.

다. 매수를 받는 죄(제230조 제7항 제3호)

1) 의의

본죄는 공직선거법 제57조의5 제1항 또는 제2항에 규정된 이익이나
직의 제공을 받거나 그 제공의 의사표시를 승낙한 사람을 처벌하는 규
정이다. 이를 위반하면 3년 이하의 징역 또는 1천만 원 이하의 벌금에
처해질 수 있다. 다만, 법문상 공직선거법 제230조 제7항 제2호의 규정
을 위반하여 제공된 이익을 취득한 사람에 대해서는 본죄가 적용되지
않는다.

2) 구성 요건

가) 행위 주체

본죄의 행위 주체는 제57조의5 제1항 또는 제2항의 행위 상대방, 즉 ① 경선선거인(당내경선의 선거인명부에 등재된 자를 말함) 또는 경선선거인의 배우자나 직계존비속과 ② 후보자(후보자가 되고자 하는 자를 포함)이다.

나) 행위 상대방

본죄의 행위 상대방은 제57조의5 제1항 또는 제2항을 위반하여 금품 등을 제공하는 사람이다. 또한 위 금품 등을 제3자를 통하여 교부받은 경우에는 그 제3자가 본죄의 행위 상대방이 된다.

다) 구체적 행위

'당내경선과 관련하여', '공직선거법 제57조의5 제1항 또는 제2항에 규정된 이익이나 직의 제공을 받거나 그 제공의 의사표시를 승낙'하는 것이다. 이에 관해서는 후보자에 대한 매수 및 이해유도죄(제230조 제7항 제1호)에서 설명한 것과 같다.

라) 주관적 구성 요건

본죄가 성립하기 위해서는 제공하는 자가 당내경선과 관련하여 특정인을 당선시키거나 낙선시키려는 등의 의사를 가지고 제공한다는 사실에 관한 인식이 있어야 한다. 다만, 위 인식은 결과발생에 대한 확실한 예견은 아니어도 그 가능성은 인정하는 정도, 즉 미필적 인식으로 충분하다.

3) 처벌

본죄를 범한 자는 3년 이하의 징역 또는 1천만 원 이하의 벌금에 처해진다. 또한 본죄를 범한 자가 받은 이익은 몰수하고, 그 전부 또는 일부를 몰수할 수 없을 때에는 그 가액을 추징한다(제236조). 양벌규정(제260조)은 적용되지만, 자수자에 대한 특례규정(제262조)은 적용되지 않는다.

라. 지시·권유·요구 및 알선죄(제230조 제8항·제7항 제2호·제3호·제57조의5 제3항)

1) 의의

본죄는 당내경선 관련 매수 및 이해유도죄를 범하여 금품 등을 제공하는 자와 제공받는 자 사이에서 그 범행을 지시·권유·요구하거나 알선한 사람을 처벌하는 규정이다. 이를 위반하면 5년 이하의 징역 또는 3천만 원 이하의 벌금에 처해질 수 있다.

2) 구성 요건

가) 행위 주체
본죄의 행위 주체는 누구나 될 수 있다.

나) 행위 상대방
본죄의 행위 상대방은 누구나 될 수 있다.

다) 구체적 행위

① 공직선거법 제230조 제7항 제2호 및 제3호에 규정된 행위 하도록 지시·권유·요구하거나 알선하는 행위 또는 ② 공직선거법 제57조의5 제1항 및 제2항에 규정된 행위를 하도록 지시·권유·요구하거나 알선하는 행위이다.

라) 주관적 구성 요건

상대방이 행하려는 행위의 불법한 목적 및 이를 위하여 상대방이 지시·권유·요구·알선하려고 한다는 것에 대한 인식이 필요하다.

3) 처벌

본죄를 범한 자는 5년 이하의 징역 또는 3천만 원 이하의 벌금에 처해진다. 또한 본죄를 범한 자가 받은 이익은 몰수하고, 그 전부 또는 일부를 몰수할 수 없을 때에는 그 가액을 추징한다(제236조). 양벌규정(제260조)은 적용되지만, 자수자에 대한 특례규정(제262조)은 적용되지 않는다.

II
재산상 이익목적의 매수 및 이해유도죄(제231조)

1. 의의

본죄는 재산상의 이익을 얻거나 얻으려는 목적을 가지고 정당이나 후보자 등을 위하여 선거인 등에게 매수 및 이해유도죄를 범하거나 그 행위를 할 것을 지시·권유·요구 또는 알선하는 행위, 즉 선거 브로커의 행위를 가중처벌하여 규제하기 위한 규정이다. 이를 위반하면 7년 이하의 징역 또는 3백만 원 이상 5천만 원 이하의 벌금(제1항) · 10년 이하의 징역 또는 500만 원 이상 7천만 원 이하의 벌금(제2항)에 처해질 수 있다.

2. 구성 요건

가. 행위 주체

본죄의 행위 주체는 누구나 될 수 있다.

나. 행위 상대방

본죄의 행위 상대방은 ① 선거인, ② 선거사무장·선거연락소장·선거사무원, ③ 회계책임자, ④ 연설원, ⑤ 참관인이다. 이에 관한 설명은 공직선거법 제230조 제1항 제1호 매수죄에서 설명한 것과 같다.

다. 구체적 행위

가) 정당 또는 후보자(후보자가 되려는 자 포함)를 위하여

'정당 또는 후보자 등을 위하여'란 정당이나 후보자 등의 당선 또는 선거상 이득이 발생하게 하려고 행위하는 것을 의미한다. 본죄는 선거 브로커 등을 가중처벌하기 위한 규정이라는 점에서 본죄 주체의 행위는 정당 또는 후보자를 위한 것이 될 것이다. 다만, 행위자의 행위가 정당이나 다른 후보자가 아닌 후보자 또는 후보자가 되려는 자인 자기 스스로를 위한 것이라면 본죄가 적용되지 않는다.

나) 구체적인 행위 내용

공직선거법 제231조 제1항 제1호는 "제230조 제1항 각 호의 어느 하나에 해당하는 행위"를 한 자를 처벌한다고 규정하고 있다. 그런데 본죄는 행위의 상대방으로 선거인 등을 규정하고 있는 반면, 제230조 제1항 각 호에서 규정하고 있는 행위 상대방들은 본죄의 행위 상대방과 일치하지 않는다. 그러므로 본조에서 말하는 "제230조 제1항 각 호의 어느 하나에 해당하는 행위"란 제230조 제1항 각 호의 구체적 행위, 즉 '금전 등을 제공·제공 의사표시·제공의 약속'하는 것을 의미한다고 보아야 할 것이다. 다만 제230조는 각 행위에 '선거와 관련된 목적'이 있을 것을 요구하고 있고, 본조는 제230조에 관한 가중처벌 규정의 성격을 지니고 있으므로 본죄가 성립하기 위해서는 재산상 이익 취득 목적과 정당 또는 후보자를 위한 목적에 더하여 선거와 관련된 목적이 필요할 것으로 해석된다. 이에 따라 구체적으로 본죄에서 말하는 행위의 모습을 살펴보면 아래와 같다.

① 투표를 하게 하거나 하지 아니하게 하거나 당선되거나 되게 하거나 되지 못하게 할 목적으로 금전, 물품 등 재산상 이익이나 공사의 직을 제공하거나 제공의 의사를 표시하거나 그 제공을 약속하는 행위
② 선거운동에 이용할 목적으로 금전, 물품 등 재산상의 이익을 제공하거나 그 제공의 의사를 표시하거나 그 제공을 약속하는 행위
③ 공직선거법 제231조 제1항 제1호에 규정된 행위의 대가로 또는 그 행위를 하게 할 목적으로 금전, 물품 등 재산상 이익이나 공사의 직을 제공하거나 제공의 의사를 표시하거나 그 제공을 약속하는 행위
④ 공직선거법 제231조 제1항 제1호에 규정된 행위의 대가로 또는 그

행위를 약속하고 금전, 물품 등 재산상 이익이나 공사의 직을 제공
받거나 제공의 의사를 표시를 승낙하는 행위
⑤ 공직선거법 제231조 제1항 및 제230조 제1항 제7호(매수를 받는 죄)에
규정된 행위를 지시·권유·요구하거나 알선하는 행위

라. 주관적 구성 요건

본죄가 성립하기 위해서는 '재산상 이익을 얻거나 얻을 목적'이 존재하
여야 한다. 이때 '재산상 이익'은 그 구체적인 형태나 액수, 이익을 얻기 위
한 방법 등을 확정해야 하는 것은 아니다. 또한 행위자가 본죄의 행위를
통하여 실제 재산상 이익을 얻었는지 여부도 본죄의 성립과 상관없다.

3. 처벌

본죄 중 제1항의 죄를 범한 자는 7년 이하의 징역 또는 3백만 원 이상
5천만 원 이하의 벌금에 처해지고, 제2항의 죄를 범한 자는 10년 이하의
징역 또는 5백만 원 이상 7천만 원 이하의 벌금에 처해진다. 또한 본죄를
범한 자가 받은 이익은 몰수하고, 그 전부 또는 일부를 몰수할 수 없을
때에는 그 가액을 추징한다(제236조).

다만, 본죄 중 공직선거법 제231조 제1항 제1호에 규정된 행위를 하는
것을 조건으로 정당 또는 후보자 등에게 금품 등 재산상의 이익 또는 공
사의 직의 제공을 요구한 자는 5천만 원 이하의 과태료가 부과되므로(제
261조 제1항), 그 행위자는 본조에 규정된 형사처벌 대상에서 제외된다.

Ⅲ
후보자에 대한 매수 및
이해유도죄(제232조)

1. 의의

　본죄는 후보자, 후보자가 되고자 하는 자, 후보자가 되는 것을 중지한 자, 후보자를 사퇴한 자 등에 대한 사전·사후 매수행위 또는 그 매수행위에 관한 지시·알선·요구·권유를 하거나 그 매수행위를 받아들인 자를 처벌하는 규정이다. 이를 위반하면 7년 이하의 징역 또는 5백만 원 이상 5천만 원 이하의 벌금(제1항)·10년 이하의 징역 또는 5백만 원 이상 7천만 원 이하의 벌금(제2항)·10년 이하의 징역(제3항)에 처해질 수 있다. 본죄는 재정신청 대상인 중요 선거범죄에 해당한다(제273조 제1항).

2. 구성 요건

가. 행위 주체

본죄의 행위 주체는 누구나 될 수 있다. 다만, 제1항 각 호 후단에서 규정한 '매수를 받는 행위'의 경우는 그 전단에서 규정하고 있는 행위의 상대방이 '매수를 받는 행위'의 주체가 될 것이다. 또한, 제3항의 경우는 선거관리위원회의 위원·직원 또는 선거사무에 관계있는 공무원이나 경찰공무원이 그 주체가 된다.

나. 행위 상대방

1) 후보자가 되고자 하는 자

본조 제1항 제1호에 규정된 '후보자가 되고자 하는 자'란 아직 후보자 등록을 하지는 않았으나 장차 '후보자가 되려는 의사를 가진 자'를 의미한다. 그 의사는 반드시 외부에 공표될 필요는 없고, 선거에 입후보할 의사를 가진 것을 예상할 수 있는 정도이면 충분하다.

2) 후보자

본조 제1항 제1호에 규정된 '후보자'란 특정선거에 관하여 관할 선거구 선거관리위원회에 '후보자등록'을 마친 사람을 의미한다.

3) 후보자가 되고자 하였던 자

본조 제1항 제2호에 규정된 '후보자가 되고자 하였던 자'란 후보자가 되려는 의사를 가지고 후보자등록 이전에 그 의사를 외부에 표시하였으나 이내 단념한 사람을 의미한다. 본죄의 성립에 관하여 그 단념의 이유나 동기는 묻지 않고, 후보자가 되려는 의사를 단념하였던 사람이 본조에서 규정된 행위가 발생한 이후에 다시 입후보하였더라도, 행위 당시에 후보자가 되려는 의사를 단념한 것인 한 본죄가 성립한다.

4) 후보자이었던 자

본조 제1항 제2호에 규정된 '후보자이었던 자'란 후보자등록을 하여 후보자가 되었다가 사퇴를 한 사람을 의미한다. 본죄의 성립에 관하여 사퇴의 이유나 동기가 반드시 재산의 제공 때문일 필요는 없고, 사퇴를 한 자가 본조에서 규정된 행위의 발생 이후 다시 입후보하였더라도 본죄가 성립한다.

다. 구체적 행위

1) 제230조 제1항 제1호에 규정된 행위

2) 제230조 제1항 제1호에 규정된 이익 또는 직의 제공을 받거나 그 제공의 의사표시를 승낙

3) 제232조 제1항 제1호에 규정된 행위에 관하여 지시·권유·요구 또는 알선

라. 주관적 구성 요건

1) 후보자가 되지 아니하게 할 목적

본조 제1항 제1호에 규정된 '후보자가 되지 아니하게 할 목적'이란 입후보할 것이 예상되는 후보자가 되고자 하는 자의 후보자등록 이전에 그 사람의 후보자가 되려는 의사를 포기하게 하려는 목적을 의미한다.

2) 후보자가 된 것을 사퇴하게 할 목적

본조 제1항 제1호에 규정된 '후보자가 된 것을 사퇴하게 할 목적'이란 이미 후보자등록을 한 후보자에 대하여 그의 입후보 의사를 철회하게 할 목적을 의미한다.

3) 후보자가 되고자 하는 것을 중지하거나 후보자가 된 것을 사퇴한 데 대한 대가라는 인식

본조 제1항 제2호에 규정된 '후보자가 되고자 하는 것을 중지하거나 후보자가 된 것을 사퇴한 데 대한 대가라는 인식'이란 본죄의 행위에 의한 이익 등이 후보자가 되고자 하는 자가 과거에 입후보의 의사를 표명하였다가 중지하였거나, 후보자가 입후보등록을 하였다가 사퇴한 데 대한 대가라는 인식을 말한다.

4) 다른 선거구에서 입후보할 의사와 본죄의 성립 여부

본죄의 상대방인 후보자 또는 후보자가 되려는 자가 해당 선거에서 다시 다른 선거구에서 입후보할 의사가 있는지 여부는 본죄의 성립에 영향을 미치지 않는다. 또한 정당이 해당 정당의 정략적 판단에 따라 후보자 또는 후보자가 되려는 자를 교체하는 것은 본죄에 해당하지 않는다.

3. 기수시기

본죄는 후보자가 되려는 자나 후보자에게 제230조 제1항 제1호에 규정된 행위를 한 사실만 있으면 그 자체로 본죄가 성립하여 기수가 된다. 실제로 본죄의 행위로 인하여 후보자가 되려는 자가 후보자가 되지 않았거나 후보자가 사퇴하였는지 여부는 본죄의 성립에 영향이 없다. 하급심 판례에 따르면, 누구든지 후보자 또는 후보자가 되고자 하는 자를 상대로 사회통념상 쉽게 철회하기 어려울 정도의 의지가 담긴 제공의 의사표시를 하는 순간 본죄는 성립하고, 그 이후 후보자 또는 후보자가 되고자 하는 자가 이를 거부하였더라도 본죄의 성립 여부에 아무런 영향을 미치지 않는다(광주고등법원 2015. 1. 29. 선고 2014노449 판결)

4. 처벌

본죄 중 제1항의 죄를 범한 자는 7년 이하의 징역 또는 5백만 원 이상 5천만 원 이하의 벌금에 처해지고, 제2항의 죄를 범한 자는 10년 이하의 징역 또는 5백만 원 이상 7천만 원 이하의 벌금에 처해진다. 나아가 본죄 중 제3항의 죄를 범한 자는 10년 이하의 징역에 처해지게 된다. 본소 제

3항은 선거관리위원회의 위원·직원, 선거사무에 관계있는 공무원, 경찰공무원(사법경찰관리 및 군사법경찰관리 포함)의 신분을 가진 자를 가중처벌하는 규정이기 때문이다. 또한 본죄(제공죄)를 범한 자가 받은 이익은 몰수하고, 그 전부 또는 일부를 몰수할 수 없을 때는 그 가액을 추징한다(제236조 참조).

IV
당선인에 대한 매수 및 이해유도죄(제233조)

1. 의의

본죄는 당선인의 당선을 사퇴하게 할 목적으로 당선인을 금품 등 재산상 이익 또는 공사의 직으로 매수하거나 그 매수를 받는 행위 또는 위와 같은 행위들을 지시·권유·요구·알선한 행위를 처벌하는 규정이다. 이를 위반하면 1년 이상 10년 이하의 징역에 처해질 수 있다. 본죄는 재정신청 대상인 중요 선거범죄에 해당한다(제273조 제1항).

2. 구성 요건

가. 행위 주체

본죄의 행위 주체는 누구나 될 수 있다. 다만, 본조 제1항 제2호의 주체는 당선인이다.

나. 행위 상대방

본조 제1항 제1호에서 규정하고 있는 '당선인'은 공직선거법 제187조부터 제191조까지의 규정에 의하여 선거관리위원회에서 당선인으로 결정된 사람을 의미한다. 이에 따라 당선인이었던 자가 대통령, 국회의원 등의 신분을 취득한 후 본조에서 규정한 행위가 이루어진 경우라면 당선인에 대한 행위가 아니므로 본죄는 성립하지 않는다.

다. 구체적 행위

본죄는 ① 금전·물품·차마·향응 그 밖에 재산상의 이익 또는 공사의 직을 제공하거나 그 제공의 의사를 표시하거나 그 제공을 약속하거나, ② 이를 제공받거나 그 제공의 의사표시를 승낙하는 행위 또는 ③ 금전 등의 제공 등을 지시·권유·요구·알선하는 행위를 한 경우에 성립한다. 이에 관해서는 매수 및 이해유도죄(제230조 제1항 제1호 및 제3항)에서 설명한 것과 같다.

라. 주관적 구성 요건

본조 제1항 제1호 및 제2호의 죄가 성립하기 위해서는 금전 등을 제공하는 자에게 '당선인을 사퇴하게 할 목적'이 존재하여야 한다. 이때 '당선인의 사퇴'란 당선인의 임기 시작 전에 당선인 스스로 당선을 포기하는 것을 의미한다. 한편, 실제로 본조에 규정된 행위에 의하여 실제로 당선인이 사퇴하였는지 여부는 본죄의 성립에 영향이 없다.

3. 처벌

본죄를 범한 자는 1년 이상 10년 이하의 징역에 처해진다. 또한 본죄를 범한 자가 받은 이익은 몰수하고, 그 전부 또는 일부를 몰수할 수 없을 때는 그 가액을 추징한다(제236조 참조).

제3편

허위사실공표죄

[관련조문]

공직선거법 제250조(허위사실공표죄 <개정 2015.12.24.>)

① 당선되거나 되게 할 목적으로 연설·방송·신문·통신·잡지·벽보·선전문서 기타의 방법으로 후보자(후보자가 되고자 하는 자를 포함한다. 이하 이 조에서 같다)에게 유리하도록 후보자, 후보자의 배우자 또는 직계존비속이나 형제자매의 출생지·가족관계·신분·직업·경력등·재산·행위·소속단체, 특정인 또는 특정단체로부터의 지지여부 등에 관하여 허위의 사실[학력을 게재하는 경우 제64조제1항의 규정에 의한 방법으로 게재하지 아니한 경우를 포함한다]을 공표하거나 공표하게 한 자와 허위의 사실을 게재한 선전문서를 배포할 목적으로 소지한 자는 5년이하의 징역 또는 3천만원이하의 벌금에 처한다. <개정 1995.12.30., 1997.1.13., 1997.11.14., 1998.4.30., 2000.2.16., 2004.3.12., 2010.1.25., 2015.12.24.>

② 당선되지 못하게 할 목적으로 연설·방송·신문·통신·잡지·벽보·선전문서 기타의 방법으로 후보자에게 불리하도록 후보자, 그의 배우자 또는 직계존·비속이나 형제자매에 관하여 허위의 사실을 공표하거나 공표하게 한 자와 허위의 사실을 게재한 선전문서를 배포할 목적으로 소지한 자는 7년 이하의 징역 또는 500만원 이상 3천만원 이하의 벌금에 처한다. <개정 1997.1.13.>

③ 당내경선과 관련하여 제1항(제64조제1항의 규정에 따른 방법으로 학력을 게재하지 아니한 경우를 제외한다)에 규정된 행위를 한 자는 3년 이하의 징역 또는 6백만원 이하의 벌금에, 제2항에 규정된 행위를 한 자는 5년 이하의 징역 또는 1천만원 이하의 벌금에 처한다. 이 경우 "후보자" 또는 "후보자(후보자가 되고자 하는 자를 포함한다)"는 "경선후보자"로 본다. <신설 2005.8.4.>

I
들어가며

선거인[1]은 선거에서 특정 후보자에게 투표하기 위해서 후보자들과 관련한 연설·방송·신문·통신·잡지·벽보·선전문서 등을 통해 제공되는 정보들을 참고한다. 그런데 이 때 후보자들에 대한 정확한 정보가 제공되지 않고 허위의 자료가 제공되면 선거인의 공정하고 정확한 판단을 그르칠 위험이 있고, 결국에는 올바른 선택으로 이어지지 못할 수 있다.

이에 「공직선거법」에서는 허위사실공표죄(제250조)를 규정하여 허위사실을 공표하여 후보자에 대한 선거인의 공정하고 정확한 판단에 영향을 미치는 일체의 행위를 처벌함으로써 공정한 선거를 보장하도록 하고 있

---

1 공직선거법 제3조(선거인의 정의) 이 법에서 "선거인"이란 선거권이 있는 사람으로서 선거인명부 또는 재외선거인명부에 올라 있는 사람을 말한다.

다. '공표公表'의 사전적 의미는 '여러 사람에게 널리 드러내어 알림'이고, 허위사실공표죄에 있어서의 '공표' 역시 불특정 또는 다수인에게 허위사실을 알리는 것으로서 한 사람에게 허위사실을 알리더라도 이러한 행위가 불특정 또는 다수인에게 전파될 가능성이 있다면 공표에 해당한다.

어떤 표현이 허위사실을 표명한 것인지 여부는 일반 선거인이 그 표현을 접하는 통상의 방법을 전제로 하여 그 표현이 선거인에게 주는 전체적인 인상을 기준으로 객관적으로 판단되어야 한다(대법원 2015. 5. 14. 선고 2015도1202 판결 등 참조).

허위사실공표죄는 구체적으로 당선 목적의 허위사실공표죄, 낙선 목적의 허위사실공표죄, 당내경선과 관련한 허위사실공표죄의 세 가지 유형으로 나누어진다. 다음 장에서 각 유형을 상세히 살펴보기로 한다.

II
허위사실공표죄의
세 가지 유형

1. 당선 목적 허위사실공표죄(제250조 제1항)

「공직선거법」 제250조 제1항은 **당선되거나 되게 할 목적으로 연설·방송·신문·통신·잡지·벽보·선전문서 기타의 방법으로 후보자에게 유리하도록 허위사실을 공표**하여 선거인의 공정하고 정확한 판단에 영향을 미치는 행위를 처벌함으로써 선거의 공정을 보장하기 위한 규정이다. 후보자에게 유리한 허위의 사실을 공표하지 못하도록 함으로써 선거인들이 후보자에 대한 정확한 판단자료를 가지고 올바른 선택을 할 수 있도록 하기 위함이다.[2] 허위사실공표죄에서의 '당선되거나 되게 할 목적'은 결과의 발생을 적극적으로 의욕하거나 희망할 필요까지는 없다.

---

2 헌법재판소 2009. 3. 26. 2007헌바72 결정

「공직선거법」 제250조 제1항에서 말하는 '허위의 사실'이란 진실에 부합하지 않은 사항으로서 선거인이 후보자에 대한 정확한 판단을 그르치게 할 수 있을 정도로 구체성을 가진 것이면 충분하다. 또한 공표된 사실의 내용 전체의 취지를 살펴볼 때 중요한 부분이 객관적 사실과 합치되는 경우에는 세세한 부분에 진실과 약간 차이가 나거나 다소 과장된 표현이 있더라도 이를 허위의 사실이라고 볼 수는 없다. 어떤 표현이 허위사실을 표명한 것인지는 표현의 전체적인 취지, 객관적 내용, 사용된 어휘의 통상적인 의미, 문구의 연결 방법 등을 종합적으로 고려하여 표현이 선거인에게 주는 전체적인 인상을 기준으로 판단하여야 한다[3].

2. 낙선 목적 허위사실공표죄(제250조 제2항)

「공직선거법」 제250조 제2항은 **당선되지 못하게 할 목적으로 연설·방송·신문·통신·잡지·벽보·선전문서 기타의 방법으로 후보자에게 불리하도록 허위사실을 공표**하는 행위를 처벌하도록 규정하고 있다. 후보자에 관한 신용을 실추시키거나 선거인으로 하여금 후보자에 대한 부정적인 시각을 갖도록 하여 후보자의 당선을 방해하는 행위를 방지하기 위함이다.

---

3 대법원 2015. 5. 14. 선고 2015도1202 판결

'당선되지 못하게 할 목적'이란 「공직선거법」 제2조[4]에서 정한 공직선거에서 당선되지 못하게 할 목적을 의미한다. 그 목적은 허위사실의 공표로써 후보자가 당선되지 못하게 한다는 인식만 있으면 충분하고, 낙선의 결과 발생을 적극적으로 의욕하거나 희망하는 것을 요하는 것은 아니다.[5] '당선되지 못하게 한다'는 것은 '실제로 당선되지 못하는 결과가 생기게 한다'는 것을 의미하기보다는 '당선에 부정적 영향을 미치게 한다'는 것을 의미하는 것으로 이해하여야 할 것이다.

후보자에게 불리한 허위사실이란 진실에 부합하지 않는 사실로서 후보자의 사회적 가치 내지 평가가 침해될 가능성이 있을 정도의 구체성이 있으면 충분하고, 그 사실이 반드시 시기, 장소, 수단, 방법 등 상세한 부분까지 특정되어야 할 필요는 없다. 또한 후보자에 대한 불리한 내용이라고 하더라도 단순히 가치판단이나 평가를 내용으로 하는 의견표현에 불과한 경우에는 이에 해당하지 않을 수 있다.[6]

3. 당내경선 관련 허위사실공표죄(제250조 제3항)

「공직선거법」 제250조 제3항은 허위의 사실을 공표하여 당내경선에

---

4 공직선거법 제2조(적용범위) 이 법은 대통령선거·국회의원선거·지방의회의원 및 지방자치단체의 장의 선거에 적용한다.

5 대법원 2014. 3. 13. 선고 2013도12507 판결

6 대법원 2000. 4. 25. 선고 99도4260 판결

참가하는 선거인의 올바른 판단에 영향을 미치는 행위를 규제함으로써 당내경선의 공정을 보장하도록 규정하고 있다. '당내경선'이란 정당이 공직선거에 추천할 후보자를 선출하기 위하여 실시하는 선거를 의미한다. 「공직선거법」 제57조의2 제2항에 의하여 당내경선후보자로 등재된 자를 대상으로 실시한 당내경선을 대체하는 여론조사를 포함하나, 정당이 선거나 이를 대체하는 여론조사가 아닌 방법으로 공직선거에 추천할 후보자를 결정하는 것은 당내경선에 포함되지 않는다.[7]

7 대법원 2007. 11. 16. 선고 2007도6503 판결

Ⅲ
사례로 보는
허위사실공표죄

「공직선거법」제250조 허위사실공표죄는 선거의 공정을 보장하기 위한 규정인만큼 선거법규에서 지니는 의미가 매우 크고, 선거에 입후보하는 후보자들이 선거현장에서 엄격히 준수하여야 하는 규정이다. 실제 선거현장에서 허위사실을 공표하여 선거법을 위반하는 사례가 적지 않고, 후보자의 당선을 위해 유리한 허위사실을 공표하거나 상대 후보자의 당선을 방해하기 위해 허위사실을 공표하는 특정한 행위가 선거법에 위반되는 행위인지조차 모르는 경우도 많다.

이 장에서는 허위사실공표죄와 관련한 주요 최신 판례들을 통해서 허위사실공표죄에 해당하는 사례들을 살펴보기로 한다. 사례를 통한 이해는 허위사실 공표 행위 해당 여부를 판단하는 데에 큰 도움이 될 것이라 생각된다.

1. 당선 목적 허위사실공표죄 관련 사례

가. 경력 관련 허위사실공표

「공직선거법」제250조 제1항의 '경력 등'이라 함은 후보자 등의 '경력·학력·학위·상벌'을 의미하고(법 제64조 제5항), 그 중 '경력'은 후보자 등의 행동이나 사적(事跡) 등과 같이 후보자 등의 실적과 능력으로 인식되어 선거인의 공정한 판단에 영향을 미치는 사항을 말한다(대법원 2015. 5. 29. 선고 2015도1022 판결 등 참조).

공직선거에서 후보자의 경력은 후보자 개인의 능력, 자질에 관한 사항으로서 선거인들이 후보자를 선택하는 중요한 기준이 된다. 따라서 선거에 출마하고자 하는 후보자들은 유권자들에게 경력에 관하여 정확한 정보를 제공하여야 하고, 경력에 관한 허위사실기재는 엄격히 처벌되고 있다.

[사례]

Q   A는 **국회인턴으로 채용**되었고, 국회 내·외부적으로 '비서'라고 호칭되었다. 그런데 A는 시의원 출마를 결심하고 예비후보자 등록신청서를 제출하면서 경력사항에 **'(현) ○○○ 국회의원 비서'**라고 기재하였다. A의 행위는 허위사실공표에 해당하는가?

A   A는 국회인턴으로 지원하여 ○○○ 후원회 유급사무직원으로 채용

된 것이고, 국회 6급 내지 9급 상당의 별정직국가공무원인 비서와
는 명확히 구별된다. 따라서 A가 국회인턴 및 후원회 유급사무직원
의 경력만 있었음에도, 자신의 현직 경력을 실제보다 유리한 '국회
의원 비서'로 표시한 것은 당선될 목적으로 허위의 사실을 공표한
것에 해당한다(서울고등법원 2019. 4. 3. 선고 2018노3370 판결).

[사례]

Q A는 도의회의원 선거 후보자가 되고자 하는 자로서 ○○대학교에서 사무관
리, 전자상거래 과목 등을 각각 **'시간강사'로서 강의**하였고 '외래교수'로 위
촉되어 위 과목들을 강의한 사실이 없다. 또한 ****시펜싱협회 발기인 회장**으
로서 펜싱협회의 결성을 추진 중에 중단하였고 펜싱협회를 결성한 사실은
없다. 그럼에도 명함에 **"○○대 외래교수(전), **시펜싱협회 회장(전)"**이라
고 기재하여 유권자들에게 명함 7,119장을 배포하였다. A의 행위는 허위사
실공표에 해당하는가?

A 일반인들은 통상 '교수'와 '시간강사' 사이에서는 별다른 혼동을 일
으키지 않는 반면, 교수라는 호칭이 뒤에 붙으면 '정교수', '부교수',
'조교수' 등 세부적인 명칭의 차이에도 불구하고 사실상 동일한 집
단으로 생각하는 경향이 있어서 유권자들의 선택을 그르칠 위험성
이 있다. 또한, 결성 추진 중에 중단되어 실질적으로 존재한 적조차
없는 '**시펜싱협회'의 회장을 역임한 것처럼 경력을 조작하였는데,
위와 같이 가공한 단체의 명칭 및 A의 직책에 비추어 유권자로 하여

금 A가 지역의 유력한 스포츠단체의 책임자를 맡을 정도의 저명인 사인 것으로 오인하고 A가 지방의원이 될 자격이 있는지에 관하여 그릇 판단하게 할 위험성이 매우 크다. 따라서 A의 행위는 경력에 관한 허위사실공표에 해당한다(대법원 2014.12.30. 선고 2014도15530 판결).

[사례]

Q A는 군수선거 후보자로서 선거공보를 선거관리위원회에 제출하여 선거구민에게 우편 발송하게 하면서, 그 후보자 정보공개 자료면 중 **'체납실적'란에 A와 그 직계존속의 체납액 누계 및 현 체납액을 허위로 게재·제출**하였다. A의 행위는 공직선거법 제250조 제1항에서 정한 '경력 등'에 관하여 허위의 사실을 공표한 행위에 해당하는가?

A 후보자 등의 '체납실적'은 공직선거법 제49조 제12항, 제4항 제4호, 제65조 제8항 제3호에 따라 선거구민에게 공개되는 주요 선거정보로서 납세의무 이행과정에서의 준법정신, 도덕성, 성실성 등과 같이 선거인의 공정한 판단에 영향을 미치는 사항에 대한 후보자 등의 실적으로 인식되는 것이므로 위 '경력'에 해당한다고 할 것이다. 따라서 A의 행위는 공직선거법 제250조 제1항 위반 허위사실공표죄에 해당한다(대법원 2015. 5. 29. 선고 2015도1022 판결).

[사례]

Q A는 전국동시지방선거 ○○시장 후보자로 입후보 하였고, 자신에 대한 수사가 진행 중이었다. 그런데 A는 시장 후보 합동토론회에서 수사가 진행 중이냐는 질문에 대하여 사실이 아니라고 답변하였다. A의 행위는 경력에 관한 허위사실공표에 해당하는가?

A 수사는 진행 중인 절차와 활동으로서 확정적인 사실이나 상태가 아니고 어느 시점부터 어느 시점까지가 수사에 해당하는지도 명확하지 않은 점 등에 비추어 볼 때, '경찰이 A를 수사 중인 사실'은 공직선거법 제250조 제1항에서 정한 '경력 등'에 해당한다고 볼 수 없다. 따라서 A의 발언은 경력 등에 관한 허위사실공표에 해당하지 않는다(대법원 2020. 1. 9. 선고 2019도10140 판결).

나. 학력 관련 허위사실공표

후보자의 학력은 후보자에 대한 주요 정보의 하나로서 선거인의 후보자 선택에 관한 중요한 자료가 될 수 있다. 이에 「공직선거법」은 후보자의 '학력 기재'와 관련하여, 선거에 출마한 후보자들이 학력을 허위로 기재하거나 과장 선전하여 유권자들의 공정한 판단을 방해할 위험을 차단하고자 제64조 제1항에서 그 기재 방식을 아래와 같이 구체적으로 규정히고 있다.

학력을 게재하는 경우에는 정규학력과 이에 준하는 외국의 교육과정을 이수한 학력외에는 게재할 수 없다. 정규학력을 게재하는 경우에는 졸업 또는 수료당시의 학교명을 기재하고, 중퇴한 경우에는 수학기간을 함께 기재하여야 한다. 정규학력에 준하는 외국의 교육과정을 이수한 학력을 게재하는 때에는 그 교육과정명과 수학기간 및 학위를 취득한 때의 취득학위명을 기재하여야 한다. 정규학력의 최종학력과 외국의 교육과정을 이수한 학력은 법 제49조 제4항 제6호에 따라 학력증명서를 제출한 학력에 한하여 게재할 수 있다.

따라서 정규학력을 게재함에 있어서는 중퇴한 경우 반드시 수학기간을 함께 기재하여야 하고, 이를 위반하면 허위사실공표죄에 해당한다. 공직선거법에서 위와 같이 학력의 게재를 엄격하게 규제하는 것은 학력은 선거인이 후보자를 선택하는 데 중요한 판단자료로서 선거인이 후보자의 학력에 관하여 오해나 오인을 하여 투표에 관한 공정한 판단이 저해되는 것을 막고자 하는 데 있다.

특히 국내 정규학력 중퇴의 경우 그 수학기간을 기재하도록 한 것은 졸업 또는 수료한 경우에 비하여 교육의 양이 다를 수밖에 없고, 중퇴의 경우 그 수학기간도 개인마다 다를 수밖에 없으므로 수학기간을 기재하지 않고 단순히 중퇴 사실을 기재하는 것만으로는 수학기간의 차이에 따른 학력의 차이를 비교할 수 없기 때문이다.[8] 따라서 후보자가 국내 정규

---

8 대법원 2015. 6. 11. 선고 2015도3207 판결

학력을 게재함에 있어서 중퇴한 학교명을 기재하는 경우에는 그 수학기
간을 함께 기재하여야 하며, 이와 같은 기재방법을 따르지 아니하면 공
직선거법 제64조 제1항, 제250조 제1항에 의한 처벌 대상이 된다.

[사례]

Q   A는 ○○대학교 교육대학원에서 **4학기 이수 후 미등록 제적**된 사실이 있다.
이후 A는 국회의원 선거의 후보자 경선에 출마하였는데, 시의원 의정보고서
에 **'○○대학교 교육대학원 총동창회 부회장'**이라고 기재하였다. A의 행위
는 당선 목적을 위한 허위사실공표에 해당하는가?

A   '○○대학교 교육대학원 총동창회 부회장'의 기재는 선거인들에게
후보자가 ○○대학교 대학원을 수료 또는 졸업한 자로 인식하게 하
기에 충분하고, 그 기재에는 '학력'의 개념도 포함되어 있다고 보아
야 한다. 따라서 위 대학원을 4학기만 이수한 A가 의정보고서에 '○
○대학교 교육대학원 총동창회 부회장'이라는 기재를 함에 있어서
는 그 수학기간까지 기재하였어야 하고, 이를 기재하지 아니한 행위
는 공직선거법 제250조 제1항의 허위사실공표죄에 해당한다(대법원
2005. 12. 22. 선고 2004도7116 판결).

[사례]

Q   A는 **'○○대학교 경영대학원'을 중퇴**하였다. 그런데 명함 및 선거공보 등에

수학 기간을 기재하지 않고 '○○대 경영대학원 총동문회 수석부회장'으로 기재하였다. A의 행위는 당선 목적을 위한 허위사실공표에 해당하는가?

A '○○대 경영대학원 총동문회 수석부회장'의 기재는 선거인들에게 후보자가 ○○대 대학원을 졸업 또는 수료한 자로 인식하게 하기에 충분하므로 학력의 의미를 포함하고 있다. 따라서 A가 명함, 선거공보 등에 이를 기재한 것은 공직선거법 제250조 제1항 소정의 학력의 기재에 해당하며, A가 위 대학원을 중퇴한 이상 명함 및 선거공보 등에 이를 기재함에 있어서는 수학기간까지 기재하여야 함에도 이를 기재하지 아니한 행위는 공직선거법이 금지하는 허위사실공표에 해당한다(대법원 2020. 8 27. 선고 2020도6723 판결).

[사례]

Q A는 **B선거구 내에 있는 C초등학교**에 입학하여 2학년 때 서울 **지역의 다른 초등학교**로 전학을 갔다. 그런데 A는 B선거구의 공직선거에 출마하면서 명함과 선거공보물에 실제로 졸업한 서울 소재 초등학교는 기재하지 않고, 졸업하지 않은 C 초등학교만을 기재하였다. A의 행위는 허위사실공표에 해당하는가?

A 공직선거에 있어서 후보자의 학력은 선거인으로 하여금 후보자에 대한 정확한 판단을 할 수 있도록 하는 주요 판단자료 중 하나이므로, 선거인이 후보자의 학력에 관하여 오인함으로써 공정한 판단이

저해되는 것을 막기 위하여 공직선거법은 학력의 게재를 엄격하게 규제하고 있다. 따라서 A가 초등학교 학력을 게재하면서 공직선거법이 정하는 방법을 위반하여 자신이 졸업한 서울 소재 초등학교는 기재하지 않고 오히려 졸업하지 않은 선거구 내 초등학교만을 명시한 이 사건 범행은 선거의 공정성 측면 등에서 그 비난가능성이 A의 행위는 선거에서 당선되게 할 목적으로 A에게 유리하도록 학력에 관하여 허위의 사실을 공표한 것으로 공직선거법 제250조 제1항에 위반된다(광주고등법원 2022. 2. 15. 선고 2021노430 판결).

다. 재산 관련 허위사실공표

[사례]

Q   A는 ○○도의회의원 선거에 후보자로 출마하였는데, 공직선거후보자재산 신고 기준일 당시 처의 이종사촌 B에 대하여 100,000,000원 상당의 채무를 부담하고 있음에도 불구하고, 선거관리위원회에 공직선거후보 재산신고서를 제출하면서 필요적 기재사항인 위 **채무내역을 누락한 채 재산신고**를 하였다. 인터넷 선거관리위원회 홈페이지에는 A의 위 채무가 누락된 재산 내역이 게시되었고, 같은 달 선거공보물 12,070부에 위 채무가 누락된 재산 내역이 기재되어 발송되었다. A의 행위는 당선 목적을 위한 허위사실공표에 해당하는가?

A   A의 범행은 후보자 본인의 재산 현황을 허위로 신고한 것이다. 공직선거의 투명성을 제고하고, 후보자에 대한 올바른 정보를 제공함으

로써 선거권자로 하여금 해당 후보자의 공직적격성을 공정하게 판단할 수 있도록 후보자 정보공개절차를 둔 공직선거법의 입법취지를 훼손하는 것으로 그 죄책이 가볍지 않다. A의 행위는 당선될 목적으로 A에게 유리하도록 재산에 관하여 허위의 사실을 공표한 것으로 공직선거법 제250조 제1항에 위반된다(창원지방법원 통영지원 2022. 2. 7. 선고 2021고합87 판결).

라. 방송 토론회에서의 허위사실공표

단체, 언론기관의 후보자등 초청 토론회(법 제81조 및 제82조)나 선거방송토론위원회 주관 토론회(법 제82조의2)는 헌법상 선거공영제에 기초하여 높은 비용을 필요로 하는 정치구조의 개선과 선거운동의 공정성 확대를 위하여 도입된 선거운동방법의 하나이다. 후보자에게는 별다른 비용 없이 효율적으로 유권자에게 다가설 수 있게 하고, 유권자에게는 토론과정을 통하여 후보자의 정책, 정치이념, 통치철학, 중요한 선거쟁점 등을 파악하고 각 후보자를 적절히 비교·평가하여 올바른 선택을 할 수 있도록 도와주는 중요한 기능을 하고 있다(헌법재판소 1998. 8. 27. 선고 97헌마372 등 결정 등 참조).

판례는 '후보자 등이 후보자 토론회에 참여하여 질문·답변을 하거나 주장·반론을 하는 것은, 그것이 토론회의 주제나 맥락과 관련 없이 일방적으로 허위의 사실을 드러내어 알리려는 의도에서 적극적으로 허위사실을 표명한 것이라는 등의 특별한 사정이 없는 한 허위사실공표죄로 처벌할 수 없다'고 보고, 이를 판단할 때에는 '질문과 답변이 이루어진 당시의 상황과 토론의 전체적 맥락에 기초하여 유권자의 관점에서 어떠한 사실이 분명하게 발표되었는지를 살펴보아야 한다'고 판시하고 있다(대법원 2009. 3. 12. 선고 2009도26판결 등 참조).

[사례]

Q 지방자치단체장 선거의 후보자인 A가 시장으로 재직할 당시 수회에 걸쳐서 관할 보건소장 등에게 자신의 친형 C에 대하여 정신보건법에 따른 강제입원 절차를 진행하도록 지시하였음에도 KBS 초청 공직선거 후보자 토론회와 선거방송토론위원회 주관 MBC 공직선거 후보자 토론회에서 상대 후보자 B가 위 강제입원 절차 관여 여부에 대하여 한 질문에 이를 부인하면서 C를 정신병원에 입원시키려고 한 적이 없다는 취지로 발언(답변)을 함으로써 허위사실을 공표하였다고 하여 공직선거법 위반으로 기소되었다. A의 발언은 공직선거법 제250조 제1항에서 정한 허위사실의 공표에 해당하는가?

A A가 KBS 토론회에서 한 발언들은 B의 질문이나 의혹 제기에 대하여 답변하거나 해명하는 과정에서 나온 것으로 일방적으로 허위사실을 드러내어 알리려는 의도에서 적극적으로 반대사실을 공표한 것이라고 보기 어려운 점, B의 질문에 직권남용이나 강제입원의 불법성을 확인하려는 취지가 포함되어 있다고 볼 여지가 있고, 이를 부인하는 의미로 A가 답변하였으며, A가 B의 질문의 의미를 의도적으로 왜곡한 것이라고 단정하기 어려운 점, A의 나머지 발언들에 허

위로 단정할 만한 내용이 없으므로, 비록 A가 C에 대한 정신병원 강제입원 절차 진행에 관여한 사실을 언급하지 아니한 채 발언을 하였더라도, A가 위 관여 사실을 공개할 법적 의무를 부담한다고 볼 근거가 없는 이상 소극적으로 회피하거나 방어하는 답변 또는 일부 부정확하거나 다의적으로 해석될 여지가 있는 표현을 넘어서서 곧바로 적극적으로 반대사실을 공표하였다거나 전체 진술을 허위라고 평가할 수 없는 점, A의 발언들을 적극적으로 허위의 반대사실을 공표한 것과 마찬가지라고 평가하는 것은 형벌법규에 따른 책임의 명확성, 예측가능성을 저해할 우려가 있는 점, A가 MBC 토론회에서 한 발언이 선제적인 답변의 실질을 가진 점 등을 고려할 때 위 발언도 허위의 반대사실을 적극적·일방적으로 공표한 것으로 보기 어려운 점 등을 종합하면, A의 발언은 공직선거법 제250조 제1항에서 정한 허위사실의 공표에 해당한다고 볼 수 없다(대법원 2020. 7. 16. 선고 2019도13328 전원합의체 판결).

마. 특정인 또는 특정단체 지지여부 관련 허위사실공표

특정인 또는 특정단체로부터의 지지여부는 2015. 12. 24. 공직선거법 개정 시 허위사실공표죄의 대상으로 추가되었다. 후보자에 대한 향우회, 총동창회 등의 특정단체의 지지는 유권자들의 선택에 있어서 중요한 영향력을 미칠 수 있는 사항으로 허위사실로 인한 그릇된 선택에 대한 처벌 규정이 필요했기 때문이다.

[사례]

Q A는 후보자 B의 선거사무실에서, 휴대전화를 이용하여 후보자 B 선거운동용 BAND 및 향우회 BAND에 향우회장 C 및 일부 향우회 고문들이 모여 앉아 있는 사진과 함께 『향우회연합회고문단 간담회』라는 제목 하에 '(구체적인 일시), 장소 B 캠프상황실, 선거압승을 위한 향우회 조직 적극 참여방안, **향우회의 적극적인 선거운동 참여방안 심도 깊게 논의**, 이를 위해 6월 5일 오후 6시 고문단과 지회장단 합동모임을 통해 선거기여 방안을 모색하기로 하였다'는 내용의 글을 게시하였다. 그러나 위 일시, 장소에서 C를 비롯한 향우회 고문들이 후보자 B의 선거운동 참여방안 등의 논의를 한 사실이 없고, 고문단과 지회장단 합동모임을 개최하기로 한 사실이 없었다. A의 행위는 허위사실공표에 해당하는가?

A A의 행위는 후보자 B를 당선되게 할 목적으로 선거인들로 하여금 향우회라는 특정단체가 B를 지지한다는 긍정적인 인식을 심어준 행위로 인정된다. A의 행위는 후보자에게 유리하도록 특정단체의 지지 여부에 대하여 허위의 사실을 공표한 것으로서 당선 목적 허위사실공표죄에 해당한다(서울고등법원 2019. 4. 24. 선고 2018노3627 판결).

[사례]

Q A는 C와 공모하여 **신문에 'A 예비후보, ○○지역 기업인들로부터 지지받아'라는 제목으로 '○○지역 기업인 20여명이 A 예비후보를 지지하였다'는

내용의 기사를 게재하였다. 그런데 사실은 위 모임 당시 찍은 사진에 참석자로 나오는 21명 중 ○○지역에 사업장을 둔 기업인은 소상공인을 포함하더라도 5명에 불과하였다. A의 행위는 허위사실공표에 해당하는가?

A 지역구 선거인들에게 주는 전체적인 인상을 기준으로 할 때, A와 C는 공모하여 A의 당선에 유리한 내용으로 이 사건 기사가 **신문 등에 보도되게 한 것으로 보인다. 따라서 예비후보자인 A에게 유리하도록 허위사실을 공표한 사실이 인정되어 당선 목적 허위사실공표로 인한 공직선거법위반에 해당한다(대구고등법원 2021.01.14. 선고 2020노450 판결).

[사례]

Q A는 국회의원 선거 후보자 B의 선거사무소에서 팀장으로 근무하였다. A는 B 후보자의 선거사무소에서 보도자료를 작성하면서 "B 예비후보의 드림캠프에는 최근 각 단체들의 지지선언으로 러시를 이루고 있다. 23일까지 지지성명을 한 단체는 H대 총동창회, 석박사원우회, 최고경영자과정 총동창회, 발전후원회 등이다."라는 내용을 약 30명의 기자에게 이메일을 통해 발송하였다. 그러나 위 총동창회, 석박사원우회, 최고경영자과정 총동창회, 발전후원회가 B 후보자에 대한 지지성명을 밝힌 사실은 없었고, 각 단체의 회장들은 후보자와의 개인적 친분으로 사무실을 방문하였는데 H대 석박사원우회는 회장이 B 후보자의 선거사무실을 방문한 사실도 없었다. A의 행위는 허위사실공표에 해당하는가?

A 각 단체의 회장이 개인적으로 선거사무실에 방문하는 것과 그 단체의 이름으로 B 후보자에 대한 지지성명을 내는 것은 법률적으로 전혀 다른 의미일 뿐만 아니라, 선거에 미치는 파급력에도 큰 차이가 있다. A는 보도자료 배포 업무의 총 책임자로서 이 사건 보도자료의 내용이 진실인지 여부를 전혀 확인하거나 검증하지 않은 채 위 보도자료를 배포하였으므로, B를 당선되게 할 목적으로 특정단체의 지지라는 유리한 허위사실을 공표하여 공직선거법 제250조 제1항을 위반하였다(대구지방법원 김천지원 2021. 2. 17. 선고 2020고합65 판결).

바. 기타

[사례]

Q A는 국회의원선거 B시 지역구에 후보자가 되고자 하는 자로서 B시청 브리핑룸에서 위 국회의원선거출마를 선언하는 기자회견을 하면서 기자로부터 A가 당원정지 6개월 처분을 받은 것과 관련하여 "중앙당에서 2013년 기소유예를 받은 것으로 의심을 했다고 하는데, 기소유예를 받은 적이 없습니까."라는 물음을 받고, "없습니다."라고 대답하고, 이어 다른 기자로부터 "그러면 그냥 불기소처분이지 기소유예 처분이 아니었다고 하시는 건가요."라는 물음에 "예예."라고 대답하였다. 그러나 사실 A는 2013년 성매매알선등행위의처벌에관한법률위반(성매매) 혐의에 대하여 보호관찰소 성구매자 교육프로그램 상담이수를 조건으로 기소유예처분을 받은 사실이 있었다. A의 행위는 허위사실공표에 해당하는가?

A   A는 국회의원선거에 당선될 목적으로 후보자가 되고자 하는 자신의 경력 등에 관하여 허위사실을 공표하였다(창원지방법원 통영지원 2021. 2. 4. 선고 2020고합84 판결).

[사례]

Q   A는 도의회의원 선거 ○○군 선거구의 예비후보자로 등록한 뒤,**"2017년도 **도 주민지원사업 예산확보 1위!!"**라는 내용을 기재한 예비후보자 선거운동용 명함 약 27,500장을 제작하여, 그 무렵부터 선거운동기간인 2018. 6. 12.까지 위 명함을 ○○군 일대에서 선거구민에게 배포하였다. 그런데 ○○군에 배정된 도비는 **도 중 1위가 아니었고, 예산 과목 중에 '주민숙원사업' 내지는 '주민지원사업'이라는 과목은 없었기 때문에 '주민지원사업' 예산 배정 액수나 비율 등에 대한 객관적인 비교는 불가능하였다. A의 행위는 허위사실공표에 해당하는가?

A   A의 행위는 공직선거법 제250조 제1항 위반으로 당선 목적 허위사실공표죄에 해당한다(대구지방법원 2019.01.31. 2018고합217).

[사례]

Q   A는 지방선거 교육감에 출마한 B를 당선되게 할 목적으로 B의 선거공보물에 'B가 총장으로 재임하면서 ○○대학교를 2013년 **일보가 선정한 학생 취업지원 전국 1위의 대학교로 만들었다.'는 취지로 **'학생 취업지원 전국 1위**

(2013 **일보)'라는 문구를 기재한 후 이를 전라북도 선거구민 약 87만 명에게 배부하였다. 그러나 사실 **일보는 2013년 학생 취업지원과 관련하여 14개 분야로 나누어 조사하였고, ○○대학교는 이 중 **경력개발계획분야에서 1위로 선정**되었으며, 전체 평가에서는 최우수 9개 대학 다음의 우수대학 14개 중 1개의 대학으로 선정된 사실이 있었을 뿐 학생 취업지원 전체에 대하여 1위로 선정된 사실이 없었다. A의 행위는 허위사실공표에 해당하는가?

A A는 B를 당선되게 할 목적으로 B에게 유리하도록 B의 행위에 관하여 허위사실을 공표하였다(전주지방법원 2018. 12. 21. 선고 2018고합264 판결).

[사례]

Q A는 ○○구의회의원 선거 후보자이고, B는 **시장 후보로 나선 자이다. A는 선거공보에 **'B 후보와 선거·정책을 연대합니다'**라고 게재하였다. 그런데 A는 시장에서 열린 B 후보의 유세현장에 참여한 사실은 있으나, B 후보가 A를 지지하거나 A를 위하여 선거운동을 한 사실은 없었다. A의 행위는 당선목적 허위사실공표에 해당하는가?

A 일반 선거인의 관점에서 'B 후보와 선거·정책을 연대한다'는 의미는 A가 B 후보를 지지하고 B 후보의 선거운동을 돕는다는 의미뿐만 아니라 B 후보가 ○○구의회의원 선거 후보자 중 A를 지지하고 A의 선거운동을 돕는다는 의미이다. 정책을 연대한다는 것은 향후 B 후보와 A가 각 **시장과 ○○구의회 의원에 당선되는 경우 **시장이 된

B 후보가 A가 선거기간 중 공약으로 내건 정책을 지원해 줄 것이라는 의미로 받아들일 수 있다. 그런데 B후보는 A와 선거·정책 연대를 한 정황이 보이지 아니하므로 A의 행위는 허위사실공표에 해당한다(부산고등법원 2015.10.21. 2015노191).

[사례]

Q A는 지방자치단체장 선거에 입후보하였고, 관할 선거관리위원회에 전과기록증명에 관한 제출서를 작성, 제출하였는데 2개의 전과가 있음에도 불구하고 1개만 적어 제출하였다. A의 행위는 당선 목적 허위사실공표에 해당하는가?

A 공직선거에 여러 차례 입후보 및 당선 경험이 있는 A로서는 공직선거법에 대하여 상당한 지식을 축적하였을 것으로 보이는 점 등 제반 사정을 종합할 때 범죄경력에 관한 허위사실 공표의 고의, 적어도 미필적 고의를 인정할 수 있다. 따라서 A가 일부 범죄경력을 누락한 제출서를 작성하여 선거공보에 공표한 행위는 허위사실공표에 해당한다(서울고등법원 2015. 3. 31. 선고 (춘천)2015노13 판결).

2. 낙선 목적 허위사실공표죄 관련 사례

「공직선거법」 제250조 제2항에서 규정하는 허위사실공표죄에서의

'당선되지 못하게 할 목적'은 허위사실의 공표로서 후보자가 당선되지 못하게 한다는 인식만 있으면 충분하고, 그 결과 발생을 적극적으로 의욕하거나 희망하여야 인정되는 것은 아니다. 그 인식의 정도도 확정적임을 요하지 않고 미필적 인식만 있으면 족하다. 판례는 그 목적이 있었는지 여부는 '피고인의 사회적 지위, 피고인과 후보자 또는 경쟁 후보자와의 인적관계, 공표행위의 동기 및 경위와 수단·방법, 행위의 내용과 태양, 그러한 공표행위가 행해진 상대방의 성격과 범위, 행위 당시의 사회상황 등 여러 사정을 종합하여 사회통념에 비추어 합리적으로 판단하여야 한다'고 판시하고 있다.[9]

후보자의 비리 등에 관한 의혹의 제기는 비록 그것이 공직 적격 여부의 검증을 위한 것이라 하더라도 무제한 허용될 수는 없고, 그러한 의혹이 진실인 것으로 믿을 만한 상당한 이유가 있는 경우에 한하여 허용되어야 한다. 이때 의혹사실의 존재를 적극적으로 주장하는 자는 그러한 사실의 존재를 수긍할만한 소명자료를 제시할 부담을 지고, 그러한 소명자료를 제시하지 못한다면 달리 그 의혹사실의 존재를 인정할 증거가 없는 한 허위사실의 공표로서의 책임을 져야한다.[10]

---

9 대법원 2006. 5. 25. 선고 2005도4642 판결, 대법원 2011. 12. 22. 선고 2008도11847 판결 등 참조
10 대법원 2003. 2. 20. 선고 2001도6138 판결 참조

[사례]

Q A는 선거일을 약 한 달 앞둔 시점에 ○○시청 정문 앞에서 피켓을 착용하고, 피켓에 "○○시의회 부의장"이라는 직함과 함께 부의장 B의 실명을 기재하여 약 1시간 동안 피켓을 착용하고 1인 시위를 하였다. 피켓에 기재된 구체적인 내용은 'B가 농업인과 동업을 하다가 돈을 갈취하고 허위 차용증을 작성하게 하였다'는 것이었으나 사실 B는 농업인 A와 동업약속을 한 사실이 없고, 차용증을 허위로 받아 돈을 송금받은 사실이 없었다. 이러한 A의 행위는 낙선 목적 허위사실공표에 해당하는가?

A A는 사업을 정산하고 문제를 빨리 해결할 수 있을 것 같아서 1인 시위를 하였다고 주장하였는데, A는 B가 지방선거에서 시의원 후보로 출마할 예정임을 알고 있었고, A가 피켓에 기재한 내용은 선거 과정에서 유권자들에게 B에 대한 부정적인 이미지를 갖게 하기에 충분한 것이다. A의 행위는 B를 당선되지 못하게 할 목적으로 허위사실을 공표한 것에 해당한다(광주고등법원 2020.05.08. (전주)2019노81 판결).

[사례]

Q A는 도의원 후보자로 출마하였는데, 유세 현장에서 선거인들을 상대로 연설하면서 A의 딸이 상대 후보에게 폭행을 당해서 병원에 있다고 발언하면서 '수단과 방법을 가리지 않고 당선만 되면 무슨 짓이든 하겠다는 이런 후보, 여러분의 손으로 심판해 달라.'는 취지로 발언하였다. 그러나 사실은 딸

을 폭행한 사람은 상대 후보가 아니었고, 상대 후보의 선거운동원인지, 자원봉사자인지, 단순지지자인지 알 수 없는 상황이었다. A의 위와 같은 발언은 낙선 목적 허위사실공표에 해당하는가?

A A는 딸이 폭행당한 사실이 상대 후보와의 관련성이 인정되는지 사전에 충분히 확인할 필요가 있었음에도 추가적인 확인 조치 없이 유세 현장에서 위와 같은 발언을 하였고, 이는 상대 후보를 당선되지 못하게 할 목적으로 허위사실을 공표한 것으로 인정된다(광주고등법원 2020.02.20. 2019노214 판결)

[사례]

Q A는 C회사를 운영하면서 B가 대주주로 있는 D회사로부터 도로 개설공사를 도급받아 공사를 진행하였다. 그런데 B가 국회의원 총선거에 출마할 것이라는 소식을 듣고 마치 B가 회사를 운영하면서 공사대금을 지급하지 않은 것처럼 "B는 떼먹은 공사대금 즉시 보상하라. 사람이 죽어간다"라고 기재된 현수막을 몸에 부착하고 1인 시위를 하였다. A의 위와 같은 행위는 낙선 목적 허위사실공표에 해당하는가?

A A는 D회사로부터 수주받은 공사의 진행 과정에서 손해를 보았다는 이유로 미지급 공사대금이 없음에도 국회의원 선거에서 B를 낙선시키고자 수회 허위사실을 공표하고, 동료 국회의원들에게 허위사실이 적시된 편지를 발송한 것으로 그 죄질이 가볍지 않다. A의 행

위는 B를 당선되지 못하게 할 목적으로 허위사실을 공표한 것으로 낙선 목적 허위사실공표죄에 해당한다(청주지방법원 2021. 8. 13. 선고 2020 고합200 판결).

[사례]

Q   A는 국회의원 선거에 출마한 후보자 B의 선거사무원이었다. A는 서울 ○○ 역 사거리 앞 차도에 있는 유세차 위에서, 상대 후보자인 C가 같은 날 오전 무렵 정당 선거대책위원회 회의에서 "정당 로고송이 'I, I'로 시작하지 않느냐. 지역구 의원도 I 찍고, 비례도 찍으면 되기 때문에 우리는 'I, I' 같이 이렇게 선거 운동을 하고 있다."라고 발언한 것에 대하여 선거관리위원회에 고발당한 사실이 없음에도 불구하고, "C 후보가 오늘 선관위에 고발당했습니다. 선거 법위반 논란으로 언론에 공시되었습니다. 여러분 언론을 통해서 C 후보 선거 법 논란에 대해서 꼼꼼히 살펴보시기 바랍니다."라고 마이크를 사용하여 연설하였다. A의 위와 같은 행위는 낙선 목적 허위사실공표에 해당하는가?

A   공직선거 후보자의 낙선을 목적으로 한 허위사실 공표 행위는 여론을 왜곡하여 유권자의 그릇된 선택으로 이어짐으로써 선거의 공정성과 투명성을 훼손할 우려가 큰 범죄이다. A의 행위는 선거일이 가까운 시점에 다수가 왕래하는 역 근처 도로변에서 상대 후보에 관하여 구체적으로 허위의 사실을 적시하여 연설한 것으로, 범행 경위, 범행방법 등에 비추어 그 죄질이 좋지 않다. A는 C를 당선되지 못하게 할 목적으로 C에게 불리하도록 C에 관하여 허위의 사실을 공

표하였으므로 공직선거법 제250조 제2항에 위반된다(서울남부지방법원 2020. 11. 19. 선고 2020고합338 판결).

[사례]

Q A는 ○○시장 후보자가 되고자 하는 자인 B에 대하여 자신의 페이스북에 **"시의원 10억으로 당선되고 돈으로 의장된 사람이 시장되려고?? 의원시절 조례한번 질의한번 못한 사람이…"**라는 글을 게시하였다. 그러나 사실 B는 10억 원을 들여 시의원에 당선된 사실이 없었고, 돈으로 시의회 의장에 당선된 사실도 없었을 뿐만 아니라, 시의원으로 활동하는 동안 조례발의 및 시정질의를 여러 차례 한 사실이 있었다. A의 위와 같은 행위는 낙선 목적 허위사실공표에 해당하는가?

A A의 행위는 B를 당선되지 못하게 할 목적으로 페이스북에 허위사실을 게시한 것으로 낙선 목적 허위사실공표죄에 해당한다(대구고등법원 2019. 4. 4. 선고 2019노59 판결).

[사례]

Q A는 제21대 국회의원선거에 출마하는 B 후보가 육군 상병으로 군복무를 완료하였음에도 불구하고, B 후보의 병역사항을 '군 면제'라고 기재한 '○○선거구 국회의원 후보자 약력비교표'를 작성한 뒤 이를 C를 비롯한 268명이 참여하고 있는 카카오톡 단체 채팅방에 게시하였다. A의 위와 같은 행위는

낙선 목적 허위사실공표에 해당하는가?

A A의 행위는 B 후보를 당선되지 못하게 할 목적으로 B 후보에 대한 허위사실을 공표한 것에 해당한다(군산지원 2020.09.24. 선고 2020고합104 판결).

[사례]

Q A는 B교회 목사 세습 반대 집회를 하고 있는 자이다. 그런데 목사 세습을 지지하는 B교회의 장로 C가 제21대 국회의원 선거에서 후보로 출마하려고 하자, C가 위 선거에서 국회의원으로 당선되어서는 안 된다고 생각하게 되었다. 이에 A는 페이스북 사이트에 접속하여, 사실 C가 구청장으로 당선되기 전 국회의원 선거에서 공천에 탈락하거나 그 반대급부로 구청장이 된 사실이 없음에도 C를 지칭하며 **"전에도 공천탈락하고 반대급부로 구청장 됐다는 이야기도 있는데요"라는 허위 내용의 댓글을 게시**하였다. A의 위와 같은 행위는 낙선 목적 허위사실공표에 해당하는가?

A A는 누군가로부터 들었을 뿐인 이야기에 대해 그 근거를 확인하지 아니한 채 그대로 SNS에 올림으로써 결과적으로 허위사실을 공표하였다. 이로 인해 유권자인 국민이 해당 후보자에 대해 공정하고 합리적인 판단을 함에 있어 방해를 받을 수 있다는 점에서 이에 대한 책임을 피할 수 없다. A의 행위는 법 제250조 제2항 위반의 허위사실공표죄에 해당한다(서울동부지방법원 2021. 4. 2. 선고 2020고합277 판결)

3. 당내경선 관련 허위사실공표 관련 사례

「공직선거법」제250조 제3항, 제2항의 허위사실공표죄의 구성요건 중 '기타의 방법으로 허위의 사실을 공표'한다는 것은 그 수단이나 방법에 관계없이 불특정 또는 다수인에게 허위사실을 알리는 것을 뜻하므로, '기타의 방법'이란 적시된 사실이 다수의 사람에게 전파될 수 있는 방법을 가리킨다. 따라서 허위사실을 소수의 사람에게 대화로 전하고 그 소수의 사람이 다시 전파하게 될 경우도 포함하고, 비록 개별적으로 한 사람에게만 허위사실을 알리더라도 그를 통하여 불특정 또는 다수인에게 알려질 가능성이 있으면 이 요건을 충족한다.[11]

[사례]

Q A는 한국일반행정사협회에서 행정사 실무강의를 하면서 직급이 '교수'로 표기된 신분증을 발급 받아 '교수님'으로 불려왔다. A는 당내 경선을 앞두고, 예비후보자 등록신청서의 직업란에 '교수(행정심판)'라고 기재하여 중앙선거관리위원회 인터넷 사이트를 통해 게시되도록 하였다. 또한 총 58명이 이용하는 카카오톡 채팅방에 자신의 직업을 '교수'라고 기재하였다. A의 행위는 당내경선관련 허위사실공표에 해당하는가?

A 일반적으로 직업이 교수라고 하면 그 전문성, 연구실적, 품성과 자

---

11 대법원 2011. 12. 22. 선고 2008도11847 판결 등 참조

질 등 여러 면에서 긍정적인 이미지나 우호적인 평가를 형성하는 데에 큰 도움이 되는 내용이다. 사람의 직업이나 신분으로서의 교수는 일정 수준 이상의 학력, 상당한 연구실적과 교육경력을 갖춘 대학교수로 일반적으로 인식되고, 고등교육기관인 대학의 교수인 것과 행정사협회에서 행정사들을 상대로 실무교육을 하여 오면서 교수로 호칭되는 것의 의미나 사회적 평가는 다르다. A가 한국일반행정사협회 내부에서 '교수'라고 불린 것을 행정사 실무교육을 하는 자에 대한 직급이나 직함을 높여 부르는 호칭으로 볼 수 있을 뿐이고, 일반적으로 대학교수로 통용되는 '교수'가 되는 것은 아니다. 따라서 A의 행위는 당내 경선 및 본선에서 당선될 목적으로 후보자인 A의 직업, 신분 등에 관한 허위사실 공표에 해당한다(서울고등법원 2020.07.24. 2019노744 판결).

[사례]

Q A는 B에 대하여, B와 같은 당 당내경선후보자인 C와 D에게 각각 다른 자리에서 B에게 2회의 사기 전과가 있다고 이야기 하였다. 그러나 사실 A는 B의 전과 유무에 관하여 아무런 근거도 없이 의혹을 제기한 것이었다. 이러한 A의 행위는 허위사실공표죄에 해당하는가?

A 후보자의 전과 유무 및 횟수는 후보자에 대한 평가 및 당내경선 당선 여부에 큰 영향을 미칠 수 있으므로 이에 관한 의혹의 제기는 신중하게 하여야 한다. A의 발언은 당내경선운동 기간에 이루어졌고,

A는 선거관리위원회의 홈페이지에 접속하는 등의 방법으로 후보자가 전과 2범인지 여부를 쉽게 확인할 수 있었다. 따라서 A는 피해자가 전과 2범인지 여부를 위와 같은 방법으로 확인한 후 의혹 제기를 했어야 마땅하다. 또한, A가 C, D와 각각 단 둘이 있는 자리에서 다른 사람은 들을 수 없게 위와 같이 이야기하였다고 하더라도, 그를 통하여 불특정 또는 다수인에게 알려질 가능성이 있었다고 봄이 타당하다. 따라서 A의 행위는 당내경선관련 허위사실공표에 해당한다(의정부지방법원 2019. 3. 15. 선고 2018고합434 판결).

제4편

기부행위금지

I
기부행위금지위반의
실태에 관하여

    중앙선거관리위원회가 2018년도 제7회 전국동시지방선거에서 공직선거법 위반으로 조치한 사항은 총 2,424건에 달한다. 이중에서 기부행위금지와 관련한 조치가 420건이나 된다.

    중앙선거관리위원회가 제7회 전국동시지방선거에서 선거법 위반이라고 확인하여 고발한 건수는 총 333건이고, 이중 기부행위금지와 관련된 고발 건수는 전체 고발 건수의 34.8%정도에 달하는 116건이다. 중앙선거관리위원회가 공직선거법을 위반한 것으로 의심하여 수사기관에 수사를 의뢰한 건수는 총 65건이고, 이중 기부행위금지와 관련한 수사의뢰건수는 절반에 가까운 31건이나 된다(중앙선거관리위원회 발간 제7회 전국동시지방선거 총람 215페이지 참조).

최근 과거와 선거운동 방식이 바뀌면서 공직선거법위반의 유형도 인쇄물이나 문자메시지를 이용하여 하는 선거운동과 관련한 위반 사례의 비율이 높아지는 것이 사실이다. 하지만 중앙선거관리위원회에서 인쇄물이나 문자메시지를 이용하여 하는 선거운동과 관련한 위반 사례에 대하여는 대부분 경미한 경고로 끝나는 경우가 많다. 인쇄물이나 문자메시지를 이용하여 하는 선거운동과 관련한 위반 사례와는 달리 기부행위금지를 위반한 경우에는 고발조치나 수사의뢰를 하는 비율이 높다는 것을 알 수 있다. 결국 중앙선거관리위원회는 기부행위금지를 위반하는 경우는 다른 위반 사례와는 달리 처벌하겠다는 강한 의지를 가지고 있다는 것을 알 수 있다.

과거 우리나라에서는 고무신 한 켤레에, 막걸리 한 사발에 표를 주는 행위들이 심심치 않게 발생한 것이 사실이다. 그리고 과거에 비하여 많이 사라지긴 했지만, 현재도 매표행위가 심각한 상황이다. 이에 공직선거법에서는 우리나라의 선거 역사에서 고무신 선거, 막걸리 선거라는 혼탁한 금권선거의 풍토를 없애기 위해서 기부행위금지를 위반한 경우를 처벌하고 있다. 결국 기부행위금지위반죄는 공직선거에서 불가매수성을 확보하기 위한 규정으로, 후보자의 부정한 기부행위를 방지하여 공정한 선거를 실현하는 것이 목표이다.

우리 대법원도 공직선거법에서 기부행위를 금지하고 처벌하는 취지에 대하여 '기부행위가 후보자의 지지기반을 조성하는 데에 기여하거나 매수행위와 결부될 가능성이 높아 이를 허용할 경우 선거 자체가 후보자의 인물·식견 및 정책 등을 평가받는 기회가 되기보다는 후보자의 자금력을 겨루는 과정으로 타락할 위험성이 있어 이를 방지하기 위한 것(대법원 2012. 4. 13. 선고 2011도17437 판결)'이라고 판결을 하고 있다.

기부행위금지는 선거과정에서 후보자가 자금을 동원하는 능력을 다투는 것을 방지하는 것뿐만 아니라, 기부행위를 통해 후보자의 세력을 만드는 것을 방지하는 것이 목적이다. 기부행위금지의 목적을 달성하기 위해서는 선거철에만 기부행위를 금지하도록 하는 것으로는 부족하다. 선거의 시기와는 상관없이 항상 기부행위를 하지 못하도록 하여야 기부행위금지의 목적을 달성할 수 있다. 현재 공직선거법도 기부행위금지에 대한 기간의 제한을 두고 있지 않다. 따라서 공직선거법은 상시 기부행위를 금지하고 있다.

☞ **이것만은 꼭 기억하자!**

　공직선거법상 기부행위는 선거시기와 상관없이 항상 금지되어 있다.

II

기부행위의 금지 위반죄에 대한 공직선거법의 규율 방식에 관하여

공직선거법은 제257조에서 기부와 관련한 금지규정을 위반하는 경우 "기부행위를 하지 말아야 하는 자가 기부행위를 하는 경우는 5년 이하의 징역 또는 1천만 원 이하의 벌금에 처한다"고 규정하고 있다. 또한 "기부행위를 해서는 안 되는 자에게 기부를 지시, 권유, 알선, 요구하거나 기부를 받은 자는 3년 이하의 징역 또는 500만 원 이하의 벌금에 처한다"고 규정하고 있다. 이와 함께 기부행위 금지규정을 위반하여 후보자 등이 처벌되는 경우 당선을 무효 시킬 뿐만 아니라(공직선거법 제264조, 제265조), 일정기간동안 공무원 등을 할 수 없도록 공무담임을 제한하는 규정(공직선거법 제266조)을 같이 규정하고 있다.

공직선거법은 우선 제112조에서 기부행위가 무엇인지 그 뜻을 규정하고 있다. 제113조에서는 후보자 등의 기부행위 제한, 제114조에서는 정당 및 후보자의 가족 등의 기부행위 제한, 제115조에서는 후보자 등이나 정당 및 후보자의 가족 등이 아닌 제3자의 기부행위 제한 규정을 두고 있다. 또한 제81조와 제82조에서 대담·토론회 주최자 등에 대한 기부행위를 금지하는 규정도 두고 있다.

제116조에서는 기부를 권유하거나 요구하는 것을 금지하는 규정을 두고 있고, 제117조에서는 기부받는 행위도 금지하고 있다.

아래에서는 우선 공직선거법상에서 기부행위를 어떻게 정의하고 있는지 살펴본 후, 기부행위 주체별로 제한되고 있는 기부행위의 내용을 살펴보겠다.

Ⅲ
공직선거법상의
기부행위란 무엇인가?

1. 일반적인 개념의 기부행위와 공직선거법상 기부행위는 다르다.

기부행위란 다른 사람에게 돈이나 물건을 무상으로 주는 것으로 이해하는 것이 일반적이다. 그러나 공직선거법에서 규정하고 있는 기부행위는 일반적으로 생각하는 기부행위와는 조금 다르다.

국어사전은 기부를 '자선 사업이나 공공사업을 돕기 위하여 돈이나 물건 따위를 대가 없이 내놓는 것'이라고 정의하고 있다. 일반인들 심지어는 공직선거에 출마하거나 선거운동 관계자들까지도 사전적 의미의 기부 개념에 국한해서 생각을 할 뿐, 공직선거법에서 말하는 기부행위금지에서의 기부행위가 무엇인지에 대하여 정확하게 이해를 못하고 있는 경우가 많다. 따라서 선거에 임하는 후보자 및 선거관계자는 기부의 사전적 의미에 집중할 것이 아니라, 공직선거법 제112조에서 정의하고 있는 기부행위의 개념에 대하여 꼼꼼하게 살펴보아야 한다.

공직선거법 제112조는 '기부행위'란 "당해 선거구 안에 있는 자나 기관·단체·시설 및 선거구민의 모임이나 행사 또는 당해 선거구 밖에 있더라도 그 선거구민과 연고가 있는 자나 기관·단체·시설에 대하여 금전·물품 기타 재산상 이익제공의 의사표시 또는 그 제공을 약속하는 행위"라고 규정하고 있다.

일반적으로 기부행위라고 하면 금전이나 물품을 주는 것만 생각하지만, 공직선거법상 기부행위는 금전이나 물품 외에도 재산상 이익을 주는 경우도 포함된다. 또한 일반적으로 기부행위는 무엇인가를 주는 것만 생각하지만, 공직선거법상 기부행위는 주는 것뿐만 아니라 주겠다고 의사를 표시하거나 약속만 하는 것도 포함한다. 따라서 일반적인 기부행위보다 공직선거법에서 정의하고 있는 기부행위의 범위가 넓다.

2. 공직선거법상 기부행위 특징에 관하여

가. 주고받는 대가가 부족하면 부족한 만큼이 기부이다.

일반적으로 말하는 기부행위나 공직선거법에서 말하는 기부행위나 모두 기부행위를 하는 사람이 상대방에게 대가를 받지 않고 제공을 하는 경우이어야 한다는 것에는 모두 동의한다. 그러나 공직선거법에서 대가를 받지 않는다는 의미는 일반적인 의미와는 차이가 좀 있다. 일반적인 경우 물품을 제공하는 자가 제공되는 물품 등에 대하여 적정한 가격보다 덜 받는 경우를 대가를 받지 않았다고 말할 수 있는지에 대하여는 의견이 분분할 수 있다. 그러나 공직선거법을 적용할 때는 제공되는 물품 등의 시가보다 적은 금액이나 많은 금액이 물품 등에 대한 대가로 오고 간다면 물품 등의 시가와 금액의 차액만큼은 대가를 받지 않고 제공을 하는 것으로 차액만큼이 기부행위가 된다.

선거 시즌이 되면 후보자들이 선거운동 과정에서 시장에 들러서 떡볶이도 먹고 어묵도 먹고, 나물도 사고, 생선도 사는 모습들이 많이 보인다. 이때 후보자나 후보자를 수행하는 사람들이 물건 값을 내고 거스름돈을 받는 장면들이 종종 목격되는데, 이런 장면을 보고 있는 일반인들 중에는 '후보자정도 되면 돈 좀 있는 것 아니야'라면서 후보자나 선거관계자가 상인들로부터 잔돈을 거슬러 받는 행위에 대하여 야박해 보인다는 사람들이 있다. 그러나 후보자나 선거관계자가 상인들로부터 잔돈을 받는 행위는 야박한 것이 아니라 공직선거법의 기부행위금지를 위반하지 않기 위반 행동들로 보아야 한다.

후보자가 시장에서 물건을 사면서 시장가격보다 비싸게 물건을 사는 경우에는 시가보다 더 준 부분 즉 후보자가 시장에서 1,000원짜리 떡볶이를 먹고 상인에게 10,000원을 주고 거스름돈을 받아가지 않는 경우에

10,000원에서 떡볶이 가격 1,000원을 뺀 9,000원 부분은 대가를 받지 않고 금전을 제공한 것으로 이 부분이 기부행위를 한 것이다. 또한 후보자가 물건을 파는 직업을 가지고 있는데 10,000원짜리 물건을 정당한 이유 없이 할인하여 1,000원에 파는 경우 9,000원 부분은 대가를 받지 않고 물품을 제공하는 것이 되므로 9,000원 부분은 기부행위를 한 것이다. 즉 일방이 상대방에게 물품이나 금전을 제공하는 것이 외형적으로는 대가를 주고받는 것으로 보이더라도 그 실제 내용을 들여다봤을 때 주고받는 대가가 불균형하다면 불균형한 부분만큼은 기부행위가 되는 것이다.

따라서 선거운동을 하면서 상대방에게 대가 없이 금전이나 물품들을 제공하는 경우뿐만 아니라, 시가보다 비싸게 물건을 사주거나, 시가보다 싸게 물건을 공급하는 경우 등도 모두 기부행위가 되어 처벌받을 수 있다.

☞ **이것만은 꼭 기억하자!**

금전이나 물품을 무상으로 주는 경우 외에도 너무 저렴하게 물건을 팔거나 너무 고가로 물건을 사는 경우도 공직선거법상 기부행위가 되므로, 물건을 팔고 살 때는 시가로 거래하자.

나. 서비스를 무료로 제공하는 것도 기부행위이다.

일반적으로 금전이나 물품을 제공하는 것이 기부행위에 해당한다고 하면 쉽게 이해를 한다. 금전은 돈을 의미하고, 물품은 일반인이 물건이라고 인식할만한 것을 말하는데 책, 수건, 음식물 등이 포함된다.

음식물을 제공하는 것이 기부행위가 되는 것과 관련하여 재미있는 사례가 있다. 과거 공직선거법은 당원집회 및 당원교육, 소속 당원만을 대상으로 하는 당원집회에 참석한 당원들에게 통상적인 범위 안에서 다과·떡 등을 제공하는 행위는 기부행위에 해당하지 않는 것으로 규정하고 있었다(현재 공직선거법은 통상적인 범위에서 차·커피 등 음료(주류는 제외한다)를 제공하는 행위를 허용하는 것으로 규정하고 있다). 여기서 '통상적인 범위 안에서 다과·떡'이라는 것은 일상적인 예를 갖추는 데 필요한 정도로 현장에서 소비될 것으로 제공하는 것을 말하고, 기념품 또는 선물 등은 제외되는 것이므로, 당원교육에 참석한 당원들에게 가로 약 40cm, 세로 약 15cm되는 카스테라 두 개를 한 봉지에 담은 것을 제공한 것은, 그것도 당원교육을 하면서 소비된 것이 아니라 교육을 받은 당원들이 교육장을 나가면서 1개씩 들고 나간 것이라면, 그 카스테라는 공직선거법에서 말하는 통상적인 범위 안에서 제공이 허용하는 '다과·떡'에 대용되는 것이라고 볼 수 없다(대법원 1997. 7. 25. 선고 97도1095 판결)고 하여 빵을 제공한 행위를 처벌한 경우가 있다. 위 판례의 취지는 당원교육장 등에서 음식을 제공하는 경우란 참석자들이 당원교육 등 행사 도중에 간단하게 먹을 수 있는 정도의 음식을 제공하는 것을 전제로 하고 행사장에서 모두 소비해야 한다는 것이다. 현재 공직선거법은 위의 판례의 취지처럼 선거사무소 등에 누군가 방문하면 통상적인 범위 안에서 간단한 음식을 제공하는 것을 허용하는 규정을 두면서, 제공되는 음식물은 현장에서 소비될 것을 전제로 한다는 규정도 두고 있다.

공직선거법은 금전·물품을 제공하는 것을 기부행위라고 규정하고 있는 것 외에도, 기타 재산상 이익을 제공하는 것도 기부행위라고 규정하고 있다. 재산상 이익을 제공하는 것이 무엇인지에 대하여는 정확하게 이해를 하지 못하는 경우가 많다. 재산상 이익이란 금전이나 물품 이외에 재산적 가치가 있는 모든 것을 의미한다. 즉 강의, 유료로 진행되는 전문가와의 상담, 서비스 제공, 노동력 제공, 물품이나 시설을 무상으로 빌려주는 행위, 채무를 면제하거나 감경하여 주는 행위, 교통 등의 편의를 제공하는 행위, 재산적으로 의미 있는 정보를 제공하는 행위 등이 모두 포함된다. 따라서 후보자의 직업이 전문직인 경우 예를 들어 후보자인 의사가 선거구민을 무료로 진료한다거나, 후보자인 변호사가 선거구민에게 통상적으로 인정되는 범위를 넘어서는 무료상담이나 무료변론을 하는 경우 등은 기부행위를 한 것이다. 공직선거법은 제113조에서 결혼식에서 후보자가 주례를 보는 것에 대하여도 기부행위로 규정하고 있다.

기부행위 대상이 되는 재산상 이익은 객관적으로 가치가 있는 것뿐만 아니라, 일반인들에게는 전혀 가치가 없지만 받는 사람에게는 가치가 있는 것도 재산상 이익에 포함된다.

재산상 이익이 무엇인지를 이해하는 데 도움이 되는 판례가 있다. 대법원은 "후보자가 자신을 시장후보로 당선되게 해 주면 개점 예정인 자신 소유의 백화점 내 매장 1개씩을 분양해 주겠다고 약속하였는데, 당시로서는 분양대금을 모두 낸다고 하더라도 아무나 위 매장을 분양받을 수 있는 것이 아니라 분양받는 것 자체가 상당한 재산상 이익을 받는 것으로 인정되는 경우라면, 비록 유상이라고 하더라도 위 백화점 내에서 영업을 할 수 있는 매장을 제공하는 것은 기부행위에 해당한다"고 판결을 한 적이 있다(대법원 1996. 12. 23. 선고 96도1558 판결). 판례의 취지는 백화점 내 매장의 분양대금을 모두 낸다고 하더라도 백화점의 매장을 분양받는 것 자체가 경쟁이 너무 심하거나 해서 일반인이 분양을 받을 수 없는 경우 라면 분양받는 기회를 갖게 되는 것 그 자체만으로도 기부행위의 대상인 재산상 이익에 해당한다는 것이다.

☞ 이것만은 꼭 기억하자!
서비스를 무상이나 저렴하게 제공하거나 비싸게 제공받는 경우도 기부행위이다.

다. 실제로 주고받지 않고, 주고받기로 약속하거나 말만해도 기부행위이다.

공직선거법 제112조는 기부행위에 대하여 금전·물품 기타 재산상 이익 "제공의 의사표시" 또는 그 "제공을 약속하는 행위"라고 정의하고 있다.

금전·물품 기타 재산상 이익을 실제로 제공하는 행위가 기부행위에 해당한다는 것은 쉽게 이해되는 부분이다.

후보자가 물품을 기부할 당시에 필요에 따라서는 기부한 물품을 돌려받을 생각이 있었지만, 경우에 따라서는 돌려받지 못할 수도 있다는 것을 알고 있었다 하더라도 물품이 실제 제공된 이상 기부행위가 된다. 따라서 물품을 제공하면서 "중간에 필요하면 다시 가지고 가겠다"고 이야기를 하면서 물품을 제공하더라도 돌려받지 못할 수도 있다는 것을 알고 있는 경우는 기부행위에 해당한다.

후보자가 물품을 제공하면서 중간에 돌려받겠다고 명확하게 말을 하였고 그럴 의사라 하더라도, 결국에는 무상으로 물건을 빌려 준 것과 같다. 예를 들어 후보자가 자신의 자동차를 선거구민에게 주면서 한 달 후에 가지고 가겠다고 하는 것은 한 달간 무상으로 자동차를 빌려주는 것과 마찬가지이다. 이런 경우 자동차를 기부한 것이라고 보지 못한다 하더라도 재산상 이익인 임대료를 받지 않고 물건을 빌려 준 것이 되어 임대료 부분에 대하여 기부행위금지 위반으로 처벌될 수 있다.

후보자가 현실적으로는 금전·물품 기타 재산상 이익을 제공하지 않았으나, 일방적으로 제공을 하겠다는 의사를 표시한 경우는 상대방이 제공받지 않겠다고 하더라도 이익 제공의 의사표시에 해당하고, 이렇게 의사표시만 한 경우라도 공직선거법에서 금지하고 있는 기부행위를 한 것에 해당한다.

또한 상대방에게 장차 금전·물품 기타 재산상 이익이 제공되지는 않았으나, 앞으로 재산상 이익을 제공하겠다는 후보자의 의사와 상대방이 이를 받겠다는 의사가 합치된 경우는 재산상 이익 제공을 약속하는 행위에 해당하고 이러한 약속도 공직선거법에서 금지하고 있는 기부행위를 한 것에 해당한다. 후보자와 상대방이 기부하고 받는 것에 대하여 약속을 하였다가 나중에 약속을 취소하더라도 이미 약속을 한 것은 기부행위에 해당한다. 따라서 기부에 관하여 약속을 한 이상 이후 약속이 지켜지지 않더라도 기부행위금지 위반으로 처벌받을 수 있다.

☞ **이것만은 꼭 기억하자!**
실제로 기부하지 않더라도 기부한다고 이야기만 하거나 상대방과 약속만 한 경우라도 기부행위금지위반으로 처벌받을 수 있다.

라. 기부행위를 받는 상대방의 법적 지위는 중요하지 않다.

기부행위를 받을 수 있는 상대방은 선거구 안에 있는 자나 기관·단체·시설 및 선거구민의 모임이나 행사 또는 당해 선거구 밖에 있더라도 선거구민과 연고가 있는 자나 기관·단체·시설이라고 규정되어 있다.

따라서 '선거구 안'에 있거나 '선거구 밖에 있더라도 선거구민과 연고가 있는 경우'에는 모두 그 상대방이 된다. 선거구 안에 있다는 의미는 선거구에 주소나 거소 등이 있는 자는 물론이고 선거구 안에서 일시적으로 머무는 사람도 포함이 된다. 선거구민과 연고가 있다는 것이 무엇인지는 아래에서 상세히 설명한다.

일반적으로 법에서 '자'라는 표현을 쓰는 경우 사람을 의미하고 여기서 사람이란 자연인이나 법인을 모두 포함한다. 따라서 기부행위 상대방은 자연인과 법인을 모두 포함한다.

문제는 기관·단체·시설을 어떻게 볼 것인가이다. 우리 대법원 판례는 "기관·단체·시설"이라고 함은 당해 선거구 안에 활동의 근거를 두고 있는 다수인의 계속적인 조직이나 시설이면 충분하고, 반드시 민법상의 법인과 같이 형식적·실질적인 요건을 모두 갖춘 단체에 한정된다고 할 수 없다(대법원 1996. 6. 28. 선고 96도1063 판결)고 판단하고 있다. 따라서 계속적인 조직을 갖추고 있으면 충분하고 기부행위 상대방의 법적 형태는 중요하지 않다. 더구나 공직선거법은 '선거구민의 모임이나 행사도 기부행위의 상대방이 된다고 규정을 하고 있어서 기부행위 상대방의 법적 지위는 중요하지 않다.

마. 선거구 밖에 있는 사람도 기부행위 상대방이 될 수 있다.

공직선거법에서 기부행위를 금지하는 이유가 선거의 공정성 확보라는 점을 고려하면 기부행위의 상대방이 선거구 안에 있는 경우에 기부행위금지규정이 적용되는 것은 쉽게 납득이 된다. 반면 선거구가 아닌 다른 곳에 있는 사람에게 기부를 하는 경우, 기부를 받은 사람이 공직선거법에서 금지하는 기부행위의 상대방이 될 것인지에 대해서는 의문을 제기하는 경우가 많다. 예를 들어 후보자가 경기도 포천에서 태어나고 자라서 출마를 하는데, 후보자와 같은 초등학교를 졸업한 후 부산으로 이사 가서 자란 친구가 부산에서 식당을 개업하려고 할 때 개업 축하선물을 보내는 것이 선거법상 가능한지 의문이 있다.

공직선거법은 선거구 밖에 있는 자의 경우에도 선거구민과 연고가 있는 경우라면 기부행위의 상대방이 된다고 규정하고 있다. 여기서 '선거구민과 연고가 있는 자'가 어떤 의미인지에 대하여 대법원은 "선거구민과 연고가 있는 자는 연고를 맺게 된 사유와 상관없이 선거구민의 가족·친지·친구·직장동료·상하급자나 향우회·동창회·친목회 등 일정한 혈연적·인간적 관계를 가지고 있어 선거구민의 의사결정에 직접적 또는 간접적으로 어떠한 영향을 미칠 수 있는 가능성이 있는 사람을 말한다(대법원 2018. 4. 10. 선고 2016도21171 판결)"고 판시하고 있다. 결국 선거구민과 연고가 있다는 것은 선거구민의 의사결정에 직접적이나 간접적으로 영향을 미칠 수 있는 관계에 있다는 것을 의미한다.

위의 사례에서 부산에서 식당을 개업하는 후보자의 친구가 포천에서 초등학교를 졸업하고 일찌감치 부산으로 이사를 가서 살더라도, 포천에 있는 초등학교 동창들과 연락을 하면서 지내고 있다면 선거구 안에 있는 동창들의 의사결정에 직접적 또는 간접적으로 영향을 미칠 수 있을 것이고, 만약 친척들이 포천에 살고 있다면 역시 친척들의 의사결정에도 직접적 또는 간접적으로 영향을 미칠 수 있을 것이다. 따라서 후보자는 경기도 포천에서 출마를 하고 친구는 부산에서 살고 있다고 하더라도 후보자의 친구는 선거구민과 연고가 있다고 판단될 여지가 매우 높다. 특히 핸드폰만 있으면 언제나 연락이 되고 이야기를 나눌 수 있는 현재는 선거구 밖에 있는 사람이라 하더라도 선거구민과 연고가 있다고 볼 가능성이 과거보다 더 높아졌다.

☞ 이것만은 꼭 기억하자!

선거구 밖에 있더라도 선거구민들과 연고가 있는 사람은 기부행위 상대방이 된다.

Ⅳ
공직선거법상 허용되는 기부행위

1. 들어가며

공직선거법상의 기부행위가 무엇인지에 대해서 자세히 살펴보았다. 그런데 공직선거법은 제112조제1항에서 기부행위가 무엇인지에 대하여 설명을 한 후, 제112조제2항에서는 기부행위로 보지 않는 경우를 규정하고 있다. 공직선거법은 제112조제1항의 기부행위에 해당하는 것으로 보이는 행위이더라도 제112조제2항의 요건을 갖춘다면 처음부터 기부행위로 보지 않는다고 규정을 하고 있는 것이다. 결국 제112조제2항에 규정되어 있는 행위들은 후보자들이 하더라도 금지되는 기부행위가 아니다.

2. 공직선거법 제112조제2항의 내용

공직선거법 제112조제2항은 ① 통상적인 정당활동과 관련한 행위, ② 의례적 행위, ③ 구호적·자선적 행위, ④ 직무상의 행위, ⑤ 법령의 규정에 근거하여 금품 등을 찬조·출연 또는 제공하는 행위, ⑥ 중앙선거관리위원회규칙으로 정하는 행위를 기부행위로 보지 않는다고 규정하고 있다. 공직선거법은 크게 6가지의 유형을 규정한 후 그 아래에 구체적인 행위를 나열하고 있다. 후보자들이 기부행위로 보지 않는 제112조제2항의 행위를 하고자 할 때는 6가지의 유형 아래에 자세하게 규정하고 있는 개별 행위의 요건에 맞추어 행위를 하여야 한다. 이 요건에 맞지 않는 행위를 하면 기부행위금지 위반으로 처벌될 수 있다.

☞ **이것만은 꼭 기억하자!**

공직선거법 제112조제2항의 내용은 모두 기억하자.

3. 통상적인 정당 활동과 관련한 행위는 기부행위가 아니다.

(1) 정당이 각급당부에 당해 당부의 운영경비를 지원하거나 유급사무직원에게 보수를 지급하는 행위

(2) 정당의 당헌·당규 기타 정당의 내부규약에 의하여 정당의 당원이 당비 기타 부담금을 납부하는 행위

(3) 정당이 소속 국회의원, 이 법에 따른 공직선거의 후보자·예비후보자에게 정치자금을 지원하는 행위

(4) 제140조제1항에 따른 창당대회 등과 제141조제2항에 따른 당원집회 및 당원교육, 그 밖에 소속 당원만을 대상으로 하는 당원집회에서 참석당원 등에게 정당의 경비로 교재, 그 밖에 정당의 홍보인쇄물, 싼 값의 정당의 배지 또는 상징마스코트나 통상적인 범위에서 차·커피 등 음료(주류는 제외한다)를 제공하는 행위

(5) 통상적인 범위 안에서 선거사무소·선거연락소 또는 정당의 사무소를 방문하는 자에게 다과·떡·김밥·음료(주류는 제외한다) 등 다과류의 음식물을 제공하는 행위

(6) 중앙당의 대표자가 참석하는 당직자회의(구·시·군 단위 이상의 지역책임자급 간부와 시·도수의 10배수에 상당하는 상위직의 간부가 참석하는 회의를 말한다) 또는 시·도당의 대표자가 참석하는 당직자회의(읍·면·동 단위 이상의 지역책임자급 간부와 관할 구·시·군의 수에 상당하는 상위직의 간부가 참석하는 회의를 말한다)에 참석한 당직자에게 통상적인 범위에서 식사류의 음식물을 제공하는 행위

(7) 정당이 소속 유급사무직원을 대상으로 실시하는 교육·연수에 참석한 유급사무직원에게 정당의 경비로 숙식·교통편의 또는 실비의 여비를 제공하는 행위

(8) 정당의 대표자가 소속 당원만을 대상으로 개최하는 신년회·송년회에 참석한 사람에게 정당의 경비로 통상적인 범위에서 다과류의 음식물을 제공하는 행위

(9) 정당이 그 명의로 재해구호·장애인 돕기·농촌일손 돕기 등 대민 자원봉사 활동을 하거나 그 자원봉사 활동에 참석한 당원에게 정당의 경비로 교통편의(여비는 제외한다)와 통상적인 범위에서 식사류의 음식물을 제공하는 행위

(10) 정당의 대표자가 개최하는 정당의 정책개발을 위한 간담회·토론회에 참석한

직능·사회단체의 대표자, 주제발표자, 토론자 등에게 정당의 경비로 식사류의 음식물을 제공하는 행위

(11) 정당의 대표자가 개최하는 정당의 각종 행사에서 모범·우수당원에게 정당의 경비로 상장과 통상적인 부상을 수여하는 행위

(12) 제57조의5제1항 단서에 따른 의례적인 행위

(13) 정당의 대표자가 주관하는 당무에 관한 회의에서 참석한 각급 당부의 대표자·책임자 또는 유급당직자에게 정당의 경비로 식사류의 음식물을 제공하는 행위

(14) 정당의 중앙당의 대표자가 당무 파악 및 지역 여론을 수렴하기 위하여 시·도당을 방문하는 때에 정당의 경비로 방문지역의 기관·단체의 장 또는 사회단체의 간부나 언론인 등 제한된 범위의 인사를 초청하여 간담회를 개최하고 식사류의 음식물을 제공하는 행위

(15) 정당의 중앙당이 당헌에 따라 개최하는 전국 단위의 최고 대의기관 회의에 참석하는 당원에게 정당의 경비로 교통편의를 제공하는 행위

통상적인 정당활동은 선거와 무관하게 이루어져야 한다. 다만 통상적인 정당활동을 가장하거나 통상적인 정당활동이라도 선거에 영향을 미칠만한 행위를 하여서는 안 된다. 공직선거법은 이 점을 고려하여 '통상적인 정당활동과 관련한 행위'를 기부행위로 보지 않고 있다. 다만 통상적인 정당활동과 관련한 행위는 주로 정당이나 정당의 대표자에게 허용되는 행위이어서 일반적인 후보자와는 직접적으로 관련이 없는 경우가 많다. 따라서 이하에서는 일반적인 후보자와 직접적으로 관련이 있을 것으로 보이는 행위만 살펴본다.

위에 열거한 행위 중 (2) 정당의 당헌·당규 기타 정당의 내부규약에 의하여 정당의 당원이 당비 기타 부담금을 납부하는 행위는 기부행위가 아니다.

정당의 당원이 정당의 당헌 등에 따라 당원으로서 당비 등을 납부하는 행위는 당연히 허용되어야 할 것이다. 그렇지 않다면 정당의 재정이 위태로워지는 경우가 발생할 수도 있다. 무소속 후보자의 경우는 상관없지만 대다수 후보자들은 당원으로서 공천을 받아서 입후보한다. 정당의 공천을 받은 후보자들이 당원으로서 당비 등을 납부하는 것은 당원의 의무를 이행하는 행위로서 기부행위가 아니다. 다만 당비 등 납부하는 행위가 기부행위가 되지 않기 위해서는 정당의 당헌·당규 기타 정당의 내부규약에 정해진 대로 이루어져야 한다. 따라서 정당의 당헌·당규 기타 정당의 내부규약에 정해진 바가 없는 명목의 금원을 당에 납부하거나 당헌 등에 따른 절차가 아닌 방법으로 납부하는 경우는 기부행위금지위반으로 처벌될 수 있다. 선거철이 되면 입후보하고 싶은 사람들이 흔히 말하는 선거브로커들에게 공천을 부탁하기 위해 특별당비 등의 명목으로 금원을 지급하는 경우들이 있는데 이런 경우는 정당의 당헌·당규 기타 정당의 내부규약에 따른 납부가 아니므로 기부행위금지위반으로 처벌이 된다.

대법원 판례도 "정당의 당원이 당비를 납부하는 행위가 공직선거법 제112조 제2항에 의하여 기부행위로 보지 아니하는 같은 항 제1호 (나)목의 '정당의 당헌·당규 기타 정당의 내부규약에 의하여 정당의 당원이 당비 기타 부담금을 납부하는 행위'에 해당하려면, 위 규정의 문언상 당해 정당의 당헌·당규 기타 내부규약에 따른 경우라야 할 것이다. 이 사건 당시 ○○당의 당비규정은 특별당비는 중앙당에 납부하여야 하며, 당비의 입금은 자동계좌이체, 휴대전화·유선전화 결제와 그 외에 당 중앙위원회가 정한 결제 방식 중의 하나로만 하도록 규정되어 있는 점, 피고인은 이 사건 당시 위와 같은 규정에 의하지 아니하고 ○○당△△도당 조직국장에게 현금으로 1,000만 원을 전달하는 방법을 취하면서 이를 중앙당이 아닌 △△도당의 특별당비로 납부한 점을 알 수 있는바, 그렇다면 피고인의 이러한 특별당비 납부행위는 공직선거법 제112조 제2항 제1호 (나)목의 '정당의 당헌·당규 기타 정당의 내부규약에 의하여 정당의 당원이 당비 기타 부담금을 납부하는 행위'에 해당하지 않는다"(대법원 2007. 4. 26. 선고 2007도218 판결)고 판시한 바 있다.

☞ 이것만은 꼭 기억하자!

당헌·당규 등에 정해진 명목의 금원과 절차에 따르지 않은 금원을 지급하는 것은 기부행위로 처벌된다.

위에 열거한 행위 중 (5) 통상적인 범위 안에서 선거사무소·선거연락소를 방문하는 자에게 다과·떡·김밥·음료 등 다과류의 음식물을 제공하는 행위는 기부행위가 아니다. 이때 제공할 수 있는 음식에서 주류는 제외된다는 것을 명심하여야 한다.

선거에 나서는 자들은 예비후보자 등록을 하면서부터 선거사무소를 설치할 수 있다. 선거운동을 위해 선거사무소를 설치한 이상 많은 사람들이 선거사무소를 방문하는 것은 당연하다. 선거사무소를 방문한 사람과 대화를 하기위해 간단하게 음료 등 다과류의 음식물을 제공하는 것은 사회적으로도 용인될 만한 행위이다. 다만 제공되는 음식물의 가격이 사회적으로 용인하기에는 너무 고가인 경우라면 허용되어서는 안 될 것이다.

공직선거법은 이런 점을 고려하여 선거사무소 등에서 제공하는 음식물의 통상적인 범위에 대하여 규정을 두고 있다. "통상적인 범위에서 제공하는 음식물 또는 음료"라 함은 중앙선거관리위원회규칙으로 정하는 금액 범위 안에서 일상적인 예를 갖추는 데 필요한 정도로 현장에서 소비될 것으로 제공하는 것을 말하며, 기념품 또는 선물로 제공하는 것은 제외한다(공직선거법 제112조제3항). 따라서 제공되는 음식은 선거사무소나 선거연락소 안에서 먹거나 마셔야 하고 선거사무소나 선거연락소 밖으로 가지고 나가면 안 된다. 또한 음식물을 선거사무소 방문 기념품 또는 선물 명목으로 제공해서는 안 된다. 중앙선거관리위원회 규칙은 통상적인 범위에서 1명에게 제공할 수 있는 음식물 또는 음료의 금액 범위는 다과류는 3천 원 이하로, 음료는 1천 원 이하로 한다고 규정하고 있다. 음료 등 다과류를 제공하는 경우 정해진 금액 안에서 제공되어야 하고 금액을 넘어서는 음료 등 다과류를 제공하는 경우는 기부행위에 해당하여 처벌될 수 있다.

☞ 이것만은 꼭 기억하자!

선거사무실에서 방문객 1명에게 제공할 수 있는 다과류는 3천 원 이하, 음료는 1천 원 이하이고, 제공된 음식물은 선거사무실에서 모두 소비되어야 한다.

4. 의례적 행위는 기부행위가 아니다.

(1) 민법 제777조(친족의 범위)의 규정에 의한 친족의 관혼상제 의식 기타 경조사에 축의·부의금품을 제공하는 행위

(2) 정당의 대표자가 중앙당 또는 시·도당에서 근무하는 해당 유급사무직원(중앙당 대표자의 경우 시·도당의 대표자와 상근 간부를 포함한다)·그 배우자 또는 그 직계존비속이 결혼하거나 사망한 때에 통상적인 범위에서 축의·부의금품(화환 또는 화분을 포함한다)을 제공하거나 해당 유급사무직원(중앙당 대표자의 경우 시·도당 대표자를 포함한다)에게 연말·설·추석·창당기념일 또는 그의 생일에 정당의 경비로 의례적인 선물을 정당의 명의로 제공하는 행위

(3) 국가유공자의 위령제, 국경일의 기념식, 「각종 기념일 등에 관한 규정」제2조에 규정된 정부가 주관하는 기념일의 기념식, 공공기관·시설의 개소·이전식, 합동 결혼식, 합동분향식, 산하 기관·단체의 준공식, 정당의 창당대회·합당대회·후보 자선출대회, 그 밖에 이에 준하는 행사에 의례적인 화환·화분·기념품을 제공하는 행위

(4) 공익을 목적으로 설립된 재단 또는 기금이 선거일 전 4년 이전부터 그 설립 목적에 따라 정기적으로 지급하여 온 금품을 지급하는 행위. 다만, 선거일 전 120일(선거일 전 120일 후에 실시사유가 확정된 보궐선거 등에 있어서는 그 선거의 실시사유가 확정된 때)부터 선거일까지 그 금품의 금액과 지급 대상·방법 등을 확대·변경하거나 후보자(후보자가 되려는 사람을 포함한다. 이하 이 조에서

같다)가 직접 주거나 후보자 또는 그 소속 정당의 명의를 추정할 수 있는 방법으로 지급하는 행위는 제외한다.

(5) 친목회·향우회·종친회·동창회 등 각종 사교·친목단체 및 사회단체의 구성원으로서 당해 단체의 정관·규약 또는 운영관례상의 의무에 기하여 종전의 범위 안에서 회비를 납부하는 행위

(6) 종교인이 평소 자신이 다니는 교회·성당·사찰 등에 통상의 예에 따라 헌금(물품의 제공을 포함한다)하는 행위

(7) 선거운동을 위하여 후보자와 함께 다니는 자나 국회의원·후보자·예비후보자가 관할구역안의 지역을 방문하는 때에 함께 다니는 자에게 통상적인 범위에서 식사류의 음식물을 제공하는 행위. 이 경우 함께 다니는 자의 범위에 관하여는 중앙선거관리위원회규칙으로 정한다.

(8) 기관·단체·시설의 대표자가 소속 상근직원(「지방자치법」 제6장제3절과 제4절에서 규정하고 있는 소속 행정기관 및 하부행정기관과 그 밖에 명칭여하를 불문하고 이에 준하는 기관·단체·시설의 직원은 제외한다. 이하 이 목에서 같다)이나 소속 또는 차하급기관·단체·시설의 대표자·그 배우자 또는 그 직계존비속이 결혼하거나 사망한 때에 통상적인 범위에서 축의·부의금품(화환 또는 화분을 포함한다)을 제공하는 행위와 소속 상근직원이나 소속 또는 차하급기관·단체·시설의 대표자에게 연말·설·추석·창립기념일 또는 그의 생일에 자체사업계획과 예산에 따라 의례적인 선물을 해당 기관·단체·시설의 명의로 제공하는 행위

(9) 읍·면·동 이상의 행정구역단위의 정기적인 문화·예술·체육행사, 각급 학교의 졸업식 또는 공공의 이익을 위한 행사에 의례적인 범위에서 상장(부상은 제외한다. 이하 이 목에서 같다)을 수여하는 행위와 구·시·군 단위 이상의 조직 또는 단체(향우회·종친회·동창회, 동호인회, 계모임 등 개인 간의 사적모임은 제외한

다)의 정기총회에 의례적인 범위에서 연 1회에 한하여 상장을 수여하는 행위. 다만, 제60조의2(예비후보자등록)제1항의 규정에 따른 예비후보자등록신청개시일부터 선거일까지 후보자(후보자가 되고자 하는 자를 포함한다)가 직접 수여하는 행위를 제외한다.

(10) 의정활동보고회, 정책토론회, 출판기념회, 그 밖의 각종 행사에 참석한 사람에게 통상적인 범위에서 차·커피 등 음료(주류는 제외한다)를 제공하는 행위

(11) 선거사무소·선거연락소 또는 정당선거사무소의 개소식·간판게시식 또는 현판식에 참석한 정당의 간부·당원들이나 선거사무관계자들에게 해당 사무소 안에서 통상적인 범위의 다과류의 음식물(주류를 제외한다)을 제공하는 행위

(12) 제114조제2항에 따른 후보자 또는 그 가족과 관계있는 회사 등이 개최하는 정기적인 창립기념식·사원체육대회 또는 사옥준공식 등에 참석한 소속 임직원이나 그 가족, 거래선, 한정된 범위의 내빈 등에게 회사 등의 경비로 통상적인 범위에서 유공자를 표창(지방자치단체의 경우 소속 직원이 아닌 자에 대한 부상의 수여는 제외한다)하거나 식사류의 음식물 또는 싼 값의 기념품을 제공하는 행위

(13) 제113조 및 제114조에 따른 기부행위를 할 수 없는 자의 관혼상제에 참석한 하객이나 조객 등에게 통상적인 범위에서 음식물 또는 답례품을 제공하는 행위

선거에서 후보자나 후보자가 되려고 하는 사람이 주변 사람들의 경조사에 축의·부의금품을 내는 행위, 종교시설에 가서 헌금 등을 내는 행위, 친목회나 동창회 같은 곳에 가서 회비를 내는 행위 등도 엄격하게는 공직선거법 제112조제1항에서 규정하고 있는 기부행위에 해당된다. 그러나 후보자라 하더라도 일상생활을 하는 측면이 있고, 이러한 측면을 고려하면 의례적으로 해오던 행위까지 하지 못하도록 하는 것은 문제가

있다. 이에 공직선거법 제112조제2항에서 일정한 요건하의 의례적인 행위는 기부행위로 보지 않는다고 하여 허용하고 있다.

과거 우리나라 선거사를 보면 주변 사람들의 경조사에 축의·부의금품을 제공하는 행위를 통해 실질적인 기부행위를 하는 경우가 있어왔고, 최근에도 주변 지인의 경조사에 과도한 축의·부의금품을 제공하여 기부행위 금지 위반으로 처벌되는 사례가 종종 보도된다. 공직선거법은 후보자 등의 친족 혹은 후보자와 일정한 관련이 있는 단체 등의 직원 등의 경조사에 축의금품이나 부의금품을 제공하는 행위는 기부행위가 아니라고 규정하고 있다.

이와 관련하여 위에 열거된 행위 중 (1) 민법 제777조(친족의 범위)의 규정에 의한 친족의 관혼상제 의식 기타 경조사에 축의·부의금품을 제공하는 행위는 기부행위가 아니다.

민법 제777조의 규정에 의한 친족이라 함은 8촌 이내의 혈족, 4촌 이내의 인척, 배우자를 의미한다. 따라서 민법상 친족의 범위를 넘어서는 친족의 경조사에 축의·부의금품을 제공해서는 안 된다. 후보자가 친족의 경조사에 축의·부의금품을 제공하는 행위가 허용되는 것이므로, 친족이 아닌 일반 선거구민의 경조사에 축의·부의금품을 제공하는 행위는 기부행위에 해당되어 처벌받을 수 있다. 이 규정과 관련하여 허용되는 행위는 관혼상제 의식 기타 경조사에 축의·부의금품을 제공하는 행위가 허용되는 것일 뿐이어서 후보자가 친족의 결혼식에서 주례를 보는 행위는 기부행위금지를 위반하여 처벌된다.

위에 열거한 행위 중 (8) 기관·단체·시설의 대표자가 소속 상근직원이나 소속 또는 차하급기관·단체·시설의 대표자·그 배우자 또는 그 직계존비속이 결혼하거나 사망한 때에 통상적인 범위에서 축의·부의금품(화환 또는 화분을 포함한다)을 제공하는 행위와 소속 상근직원이나 소속 또는 차하급기관·단체·시설의 대표자에게 연말·설·추석·창립기념일 또는 그의 생일에 자체사업계획과 예산에 따라 의례적인 선물을 해당 기관·단체·시설의 명의로 제공하는 행위는 기부행위가 아니다.

후보자가 기관·단체·시설의 대표자인 경우에는 소속 상근직원이 결혼하거나 사망한 경우에는 통상적인 범위에서 축의·부의금품을 제공할 수 있다. 이때 규정상 소속 상근직원의 직계비속이 결혼하거나 사망한 경우에 통상적인 범위에서 축의·부의금품을 제공할 수 있는지가 문제될 수 있다. 다만 소속 상근직원의 직계비속이 결혼하거나 사망한 경우 축의·부의금품을 제공한 경우에는 구체적인 사안에 따라서는 사회상규에 위반되지 않아서 위법성이 조각될 수는 있다.

또한 후보자가 대표인 단체 등의 소속 단체 혹은 차하급 단체의 대표자, 대표자의 배우자, 대표자의 직계비속이 결혼하거나 사망한 경우에는 통상적인 범위에서 축의·부의금품을 제공할 수 있다.

후보자가 대표자인 단체의 소속 상근직원이나 소속 또는 차하급기관·단체·시설의 대표자에게 연말·설·추석·창립기념일 또는 그의 생일에 자체사업계획과 예산에 따라 의례적인 선물을 제공할 수 있는데 이 경우는 해당 기관·단체·시설의 명의로 제공하여야 한다. 이때 단체의 상근직원이나 단체의 소속 또는 차하급기관·단체·시설의 대표자에게만 의례적인 선물을 제공할 수 있고, 그들의 배우자나 직계존비속에게는 선물을 제공해서는 안 된다.

기관·단체·시설의 소속 상근직원에게 축의·부의금품, 선물을 제공하는 경우에는 지방자치법 제6장제3절과 제4절에서 규정하고 있는 소속 행정기관 및 하부행정기관과 그 밖에 명칭 여하를 불문하고 이에 준하는 기관·단체·시설의 직원은 포함되지 않는다고 규정되어 있다. 따라서 지방자치법에서 규정하는 행정기관 등의 대표자인 후보자는 소속 직원에게 통상적인 범위에서 축의·부의금품이나 의례적인 선물을 제공하는 경우는 기부행위금지 위반으로 처벌될 수 있다.

☞ **이것만은 꼭 기억하자!**

8촌 이내의 혈족, 4촌 이내의 인척, 배우자에게만 축의·부의금품을 제공할 수 있다. 또한 후보자가 관여하는 단체 등의 소속 직원 등 일정한 경우에 축의·부의금품을 제공할 수 있다.

☞ **이것만은 꼭 기억하자!**

경조사 등에 축의·부의금품을 누구에게 줄 수 있는지 반드시 확인하여야 한다. 아무리 친해도 공직선거법 규정을 넘는 사람에게 축의·부의금품을 주면 처벌될 수 있다.

위에 열거한 행위 중 (3) 국가유공자의 위령제, 국경일의 기념식, 「각종 기념일 등에 관한 규정」제2조에 규정된 정부가 주관하는 기념일의 기념식, 공공기관·시설의 개소·이전식, 합동결혼식, 합동분향식, 산하기관·단체의 준공식, 정당의 창당대회·합당대회·후보자선출대회, 그 밖에 이에 준하는 행사에 의례적인 화환·화분·기념품을 제공하는 행위는 기부행위가 아니다. 이와 관련하여서는 의례적인 화환·화분·기념품을 제공하는 행위가 허용될 뿐이므로 금전을 제공하는 것은 기부행위로 처벌될 수 있다.

☞ 이것만은 꼭 기억하자!

국가유공자의 위령제나 국경일의 기념식 등에는 화환·화분·기념품을 제공할 수 있다.

위에 열거한 행위 중 (4) 공익을 목적으로 설립된 재단 또는 기금이 선거일 전 4년 이전부터 그 설립목적에 따라 정기적으로 지급하여 온 금품을 지급하는 행위는 기부행위가 아니다.

이 규정은 후보자가 이사장 등 재단 또는 기금과 일정한 관계가 있을 때 한편으로는 재단 또는 기금이 선거에 관여하는 것을 방지하기 위한 것이고, 한편으로는 재단 또는 기금이 설립목적에 따른 사업을 할 수 있도록 하기 위한 규정이다.

이때 금품을 지급할 수 있는 주체는 공익을 목적으로 설립된 재단 또는 기금일 뿐이다. 후보자가 공익을 목적으로 설립된 재단 또는 기금에 금품을 지급할 수 있는 것이 아니다. 그리고 설립된 재단 또는 기금이 금품을 지급하기 위해서는 선거일 전 4년 이전부터 그 설립목적에 따라 정기적으로 지급하여 온 금품만을 지급할 수 있다.

재단 또는 기금이 정기적으로 지급하여 온 금품을 지급하는 경우에도 선거일 전 120일부터 선거일까지는 지급하던 금품의 금액과 지급 대상·방법 등을 확대·변경해서는 안 되고, 후보자나 후보자가 되려는 자가 금품을 상대방에게 직접 주거나 직접 주지 않더라도 후보자 등 또는 그 소속 정당의 명의를 추정할 수 있는 방법으로 지급해서는 안 된다.

☞ **이것만은 꼭 기억하자!**

공익을 목적으로 설립된 재단이나 기금은 선거일 전 4년 이전부터 정기적으로 지급하여 온 금품을 지급하는 것만 허용된다.

위에 열거한 행위 중 (5) 친목회·향우회·종친회·동창회 등 각종 사교·친목단체 및 사회단체의 구성원으로서 당해 단체의 정관·규약 또는 운영관례상의 의무에 기하여 종전의 범위 안에서 회비를 납부하는 행위는 기부행위가 아니다. 여기에 해당하기 위해서는 회비를 납부하는 자는 각종 단체의 구성원이어야 하고, 회비 납부에 대하여 단체의 정관 등에 근거를 두고 있어야 하고, 종전에 납부하던 범위 내이어야 한다. 따라서 단체의 정관 등에 규정이 없는 별도의 찬조금이나 기금을 내는 것은 기부행위에 해당하고, 후보자가 단체 등에서 임원직을 맡은 후에 이전 임원들이 내던 찬조금보다 많은 찬조금을 내는 경우는 기부행위 금지에 위반되어 선거법 위반으로 처벌 될 수 있다.

☞ **이것만은 꼭 기억하자!**

각종 단체의 회비는 원래 소속된 단체의 규정에 맞도록 전과 동일한 범위에서 납부하여야 한다.

위에 열거한 행위 중 (6) 종교인이 평소 자신이 다니는 교회·성당·사찰 등에 통상의 예에 따라 헌금(물품의 제공을 포함한다)하는 행위는 기부행위가 아니다.

후보자가 헌금이나 헌물을 하는 것이 기부행위가 아니기 위해서는 후보자가 평소 다니던 종교시설에 납부하는 경우이어야 한다. 후보자가 평소 다니던 교회가 아닌 다른 교회나 성당 등을 방문하여 헌금을 하는 행위, 평소에는 교회나 절을 다니지 않았는데 선거 즈음에 교회나 절을 나가면서 갑자기 헌금 등을 내는 행위, 교회를 다니던 후보자가 절을 나가서 헌금을 하는 행위 등은 기부행위에 해당할 수 있고, 평소에 다니던 교회나 절 등에서 평소에 하던 헌금보다 현저하게 많은 돈을 헌금한 경우도 기부행위에 해당될 여지가 있다.

☞ **이것만은 꼭 기억하자!**

종교활동과 관련하여 하는 헌금은 원래 소속된 종교단체에서 전과 동일한 범위에서 할 수 있다.

위에 열거한 행위 중 (7) 선거운동을 위하여 후보자와 함께 다니는 자나 국회의원·후보자·예비후보자가 관할구역 안의 지역을 방문하는 때에 함께 다니는 자에게 통상적인 범위에서 식사류의 음식물을 제공하는 행위는 기부행위가 아니다.

후보자와 함께 다니는 자에게 식사류를 제공할 수 있을 뿐이다. 함께 다니지는 않았으나 식사류를 제공할 때 마침 근처에서 선거 운동을 하고 있는 다른 선거운동원을 불러서 식사류를 제공하는 것은 기부행위 금지에 위반되어 처벌될 가능성이 많다.

여기서 통상적인 범위에서의 식사류는 중앙선거관리위원회규칙으로 정하는 금액 범위 안에서 일상적인 예를 갖추는 데 필요한 정도로 현장에서 소비될 것으로 제공하는 것을 말한다. 중앙선거관리위원회 규칙에는 1인당 음식류의 가격은 1만 원 이하여야 한다고 규정하고 있다.

이때 후보자나 예비후보자와 함께 다니는 자의 범위는 선거사무관계자·정당의 간부 및 보좌관 등 수행원을 모두 합하여 대통령 선거에서는 30인 이하, 시·도지사 선거에서는 15인 이하, 지역구국회의원선거 및 자치구·시·군의 장 선거에 있어서는 10인 이하, 지역구지방의회의원선거에 있어서는 5인 이하까지이다. 이 경우 가족은 같이 다니는 사람의 수에 포함시키지 않는다(공직선거관리규칙 제50조제2항). 이때 가족의 범위에는 후보자의 배우자와 후보자 또는 그 배우자의 직계존·비속과 형제자매가 포함된다. 예를 들자면 지역구지방의회의원 선거의 후보자가 선거운동을 위하여 후보자와 6명이 동행한 경우 5명까지 식사류를 제공할 수 있는데, 6명 중 한명이 배우자라면 6명 모두에게 식사류를 제공할 수 있다.

☞ 이것만은 꼭 기억하자!

후보자가 임하는 선거별로 식사류를 제공할 수 있는 인원을 반드시 체크하고, 1인당 제공할 수 있는 음식류의 가격은 1만 원까지이다.

위에 열거한 행위 중 (9) 읍·면·동 이상의 행정구역단위의 정기적인 문화·예술·체육행사, 각급 학교의 졸업식 또는 공공의 이익을 위한 행사에 의례적인 범위에서 상장을 수여하는 행위와 구·시·군 단위 이상의 조직 또는 단체의 정기총회에 의례적인 범위에서 연 1회에 한하여 상장을 수여하는 행위는 기부행위가 아니다. 이때 상장을 수여하는 것은 무방하지만 상장 외의 부상을 수여하는 행위는 기부행위에 해당한다. 다만 예비후보자등록신청개시일부터 선거일까지 후보자가 직접 상장을 수여하는 행위는 허용되지 않는다.

구·시·군 단위 이상의 조직 또는 단체에서 상장을 수여하는 것과 관련하여 정기총회에 의례적인 범위에서 연 1회에 한하여 수여하는 것이 가능하다. 따라서 이미 연 1회 상장을 수여하였는데 아무 이유 없이 한 번 더 상장을 수여하는 행위는 기부행위가 될 수 있다. 선거와 가까운 시기에 정기총회가 아닌 임시회의에서 특별히 상장을 수여하면 기부행위가 될 수 있다. 공직선거법은 상장을 수여하는 구·시·군 단위 이상의 조직 또는 단체에서 향우회·종친회·동창회, 동호인회, 계모임 등 개인 간의 사적모임은 제외 하는 것으로 규정하고 있다. 따라서 향우회·종친회·동창회, 동호인회, 계모임 등 개인 간의 사적모임에서 상장을 수여하는 행위는 기부행위가 될 수 있다.

☞ **이것만은 꼭 기억하자!**

개인 간의 사적 모임에서 상장을 수여하는 행위는 기부행위가 될 수 있다.

위에 열거한 행위 중 (10) 의정활동보고회, 정책토론회, 출판기념회, 그 밖의 각종 행사에 참석한 사람에게 통상적인 범위에서 차·커피 등 음료(주류는 제외한다)를 제공하는 행위는 기부행위가 아니다. 의정활동보고회, 정책토론회, 출판기념회, 그 밖의 각종 행사에 참석한 사람에게 제공할 수 있는 것은 통상적 범위에서 차·커피 등 음료(주류는 제외한다)에 국한되고, 다과류의 음식물은 제공할 수 없다.

☞ **이것만은 꼭 기억하자!**

의정활동보고회, 정책토론회, 출판기념회, 그 밖의 각종 행사에서 제공할 수 있는 음식은 차·커피 등 음료만이다.

위에 열거한 행위 중 (11) 선거사무소·선거연락소 또는 정당선거사무소의 개소식·간판게시식 또는 현판식에 참석한 정당의 간부·당원들이나 선거사무관계자들에게 해당 사무소 안에서 통상적인 범위의 다과류의 음식물(주류를 제외한다)을 제공하는 행위는 기부행위가 아니다.

선거사무소·선거연락소 또는 정당선거사무소의 개소식·간판게시식 또는 현판식의 경우에는 정당의 간부·당원들이나 선거사무관계자들에게만 음식물을 제공할 수 있다. 그런데 이미 설명한 다. 통상적인 정당 활동과 관련한 행위 중 (5) 통상적인 범위 안에서 선거사무소·선거연락소를 방문하는 자에게 다과·떡·김밥·음료(주류는 제외한다) 등 다과류의 음식물을 제공하는 경우는 음식물을 제공하는 상대방에 대하여 특별하게 제한을 두고 있지는 않다. 결국 선거사무소·선거연락소 또는 정당선거사무소의 개소식·간판게시식 또는 현판식의 경우와 이미 운영 중인 선거사무소·선거연락소의 경우 음식물을 제공받을 수 있는 사람의 범위에 차이가 있으므로 서로 혼동해서 선거법에 위반하는 일이 없도록 해야 할 것이다.

☞ **이것만은 꼭 기억하자!**

선거사무소·선거연락소 또는 정당선거사무소의 개소식·간판게시식 또는 현판식의 경우에 음식물을 제공해도 되는 상대방은 정당의 간부·당원들, 선거사무관계자들이다.

위에 열거한 행위 중 (12) 제114조제2항에 따른 후보자 또는 그 가족과 관계있는 회사 등이 개최하는 정기적인 창립기념식·사원체육대회 또는 사옥준공식 등에 참석한 소속 임직원이나 그 가족, 거래선, 한정된 범위의 내빈 등에게 회사 등의 경비로 통상적인 범위에서 유공자를 표창(지방자치단체의 경우 소속 직원이 아닌 자에 대한 부상의 수여는 제외한다)하거나 식사류의 음식물 또는 싼 값의 기념품을 제공하는 행위는 기부행위가 아니다.

이와 관련해서 주의할 것은 회사 등의 경비를 사용하여 한다는 것이다. 만약 회사 등의 경비가 아니라 후보자의 개인 경비를 사용하는 경우는 기부행위가 될 수 있다.

여기에서 제114조제2항에 따른 후보자 또는 그 가족과 관계있는 회사 등이라 함은 ① 후보자가 임·직원 또는 구성원으로 있거나 기금을 출연하여 설립하고 운영에 참여하고 있거나 관계법규나 규약에 의하여 의사결정에 실질적으로 영향력을 행사할 수 있는 회사 기타 법인·단체, ② 후보자의 가족이 임원 또는 구성원으로 있거나 기금을 출연하여 설립하고 운영에 참여하고 있거나 관계법규 또는 규약에 의하여 의사결정에 실질적으로 영향력을 행사할 수 있는 회사 기타 법인·단체, ③ 후보자가 소속한 정당이나 후보자를 위하여 설립한 「정치자금법」에 의한 후원회를 의미한다. 후보자의 가족이 관련되어 있는 ②의 경우는 후보자의 가족이 임원 또는 구성원으로 있는 경우라고 규정되어 있는 반면, 후보자와 관련되어 있는 ①의 경우는 후보자가 임·직원 또는 구성원으로 있는 경우라고 규정되어 있다.

이때 회사에는 지방자치단체도 포함되는 것으로 해석이 된다. 다만 지방자치단체에서 유공자를 표창할 때 지방자치단체의 소속 직원에게 표창과 함께 통상적인 범위 안에서 부상을 수여하는 것도 가능하다. 하지만 지방자치단체 소속 직원이 아닌 자에게는 부상을 수여할 수 없도록 규정하고 있다.

위에 열거한 행위 중 (13) 제113조 및 제114조에 따른 기부행위를 할 수 없는 자의 관혼상제에 참석한 하객이나 조객 등에게 통상적인 범위에서 음식물 또는 답례품을 제공하는 행위는 기부행위가 아니다.

여기서 규정하고 있는 내용은 제113조 및 제114조에 따른 기부행위를 할 수 없는 자가 다른 사람의 관혼상제의 행사장을 방문하여 음식물이나 답례품을 제공하는 것을 허용한다는 내용이 아니다. 기부행위를 할 수 없는 자가 주체가 되어 개최하는 관혼상제의 행사에서 방문객에게 음식물이나 답례품을 제공하는 행위를 허용한다는 내용이다. 따라서 후보자 등은 자신이 주최하는 관혼상제 행사장을 방문한 사람들에게 음식물이나 답례품을 제공해도 무방하다. 다만 통상적인 범위 내의 것이어야 한다.

5. 구호적·자선적 행위는 기부행위가 아니다.

(1) 법령에 의하여 설치된 사회보호시설 중 수용보호시설에 의연금품을 제공하는
   행위

(2) 「재해구호법」의 규정에 의한 구호기관(전국재해구호협회를 포함한다) 및 「대한
   적십자사 조직법」에 의한 대한적십자사에 천재·지변으로 인한 재해의 구호를
   위하여 금품을 제공하는 행위

(3) 「장애인복지법」 제58조에 따른 장애인복지시설(유료복지시설을 제외한다)에
   의연금품·구호금품을 제공하는 행위

(4) 「국민기초생활 보장법」에 의한 수급권자인 중증장애인에게 자선·구호금품을 제
   공하는 행위

(5) 자선사업을 주관·시행하는 국가·지방자치단체·언론기관·사회단체 또는 종교단
   체 그 밖에 국가기관이나 지방자치단체의 허가를 받아 설립된 법인 또는 단체
   에 의연금품·구호금품을 제공하는 행위. 다만, 광범위한 선거구민을 대상으로
   하는 경우 제공하는 개별 물품 또는 그 포장지에 직명·성명 또는 그 소속 정당
   의 명칭을 표시하여 제공하는 행위는 제외한다.

(6) 자선·구호사업을 주관·시행하는 국가·지방자치단체, 그 밖의 공공기관·법인을
   통하여 소년·소녀가장과 후원인으로 결연을 맺고 정기적으로 제공하여 온 자
   선·구호금품을 제공하는 행위

(7) 국가기관·지방자치단체 또는 구호·자선단체가 개최하는 소년·소녀가장, 장애
   인, 국가유공자, 무의탁노인, 결식자, 이재민, 「국민기초생활 보장법」에 따른 수
   급자 등을 돕기 위한 후원회 등의 행사에 금품을 제공하는 행위. 다만, 개별 물
   품 또는 그 포장지에 직명·성명 또는 그 소속 정당의 명칭을 표시하여 제공하는

행위는 제외한다.

(8) 근로청소년을 대상으로 무료학교(야학을 포함한다)를 운영하거나 그 학교에서 학생들을 가르치는 행위

선거에 출마하려는 사람들은 대부분 꾸준히 사회활동을 하고 있고, 구호나 자선행위 등의 봉사를 하는 경우도 많다. 상황이 그렇다보니 후보자들 중에는 꾸준히 해오던 구호행위나 자선행위가 장애인이나 소년·소녀가장 혹은 극빈자 등을 지원하는 행위로 선한 행위이고, 필요한 행위인데 무슨 문제가 되겠느냐고 생각을 하는 경우가 많다. 물론 구호행위나 자선행위가 국가의 복지제도를 보충하여 주는 사회적으로 필요한 행위라는 것은 부정할 수 없다. 그러나 공직선거법은 선거에 영향을 미칠 수 있는 구호행위나 자선행위를 방지하기 위해 엄격한 기준을 충족하는 구호행위와 자선행위만 기부행위가 아닌 것으로 허용하고 있다.

위에 열거한 행위 중 (1) 법령에 의하여 설치된 사회보호시설 중 수용보호시설에 의연금품을 제공하는 행위는 기부행위가 아니다. 법령에 의하여 설치된 사회복지시설은 그 종류가 다양하겠지만, 의연금품을 제공해도 기부행위가 되지 않는 곳은 수용보호시설의 경우에 한정된다. 따라서 수용보호시설이 아닌 사회보호시설에 의연금품을 제공하는 행위는 기부행위로 처벌 될 수 있다.

☞ **이것만은 꼭 기억하자!**

사회보호시설에 의연금품을 제공하는 경우 수용보호시설인지를 반드시 확인하자.

위에 열거한 행위 중 (2)「재해구호법」의 규정에 의한 구호기관(전국 재해구호협회를 포함한다) 및 「대한적십자사 조직법」에 의한 대한적십자사에 천재·지변으로 인한 재해의 구호를 위하여 금품을 제공하는 행위는 기부행위가 아니다.

「재해구호법」의 규정에 의한 구호기관은 홍수, 태풍, 화재, 감염병의 확산 등의 재난으로 인하여 주거가 소실된 이재민이나 피해가 예상되어 일시대피한 자 등의 거주지 또는 재해 발생지를 관할하는 시도지사 및 기초자치단체의 장을 의미하고, 전국재해구호협회는 재해구호법 제29조를 근거로 설립된 법인을 의미한다.

후보자가 재해를 당한 사람들에게 재해구호금품을 제공하기 위해서는 구호기관인 시도지사 및 기초자치단체의 장, 전국재해구호협회, 대한적십자사를 통해서만 가능하다. 따라서 재해가 발생한 경우라 하더라도 후보자가 구호기관이나 대한적십자사를 거치지 않고 직접 이재민이나 일시대피자에게 재해의 구호를 위하여 금품을 제공하는 경우는 기부행위로 처벌이 될 수 있다.

☞ 이것만은 꼭 기억하자!

이재민 등에게 직접 구호를 위한 금품을 제공해서는 안 된다. 반드시 구호기관이나 대한적집자사를 통해서만 제공해야 한다.

위에 열거한 행위 중 (3)「장애인복지법」제58조에 따른 장애인복지시설에 의연금품·구호금품을 제공하는 행위는 기부행위가 아니다. 다만 여기의 장애인복지시설에는 유료복지시설은 제외되므로 유료장애인복지시설에 의연금품·구호금품을 제공하는 행위는 기부행위로 처벌될 수 있다. 또한 장애인복지시설에 의연금품·구호금품을 제공할 수 있을 뿐이고 장애인에게 개별적으로 직접 제공하는 경우는 기부행위에 해당하여 처벌 될 수 있다.

☞ 이것만은 꼭 기억하자!

장애인복지시설에는 의연금품이나 구호금품을 제공할 수 있지만 장애인에게 직접 제공해서는 안 된다. 유료장애인복지시설에 의연금품이나 구호금품을 제공하는 것은 기부행위에 해당한다.

위에 열거한 행위 중 (4) 「국민기초생활보장법」에 의한 수급권자인 중증장애인에게 자선·구호금품을 제공하는 행위는 기부행위가 아니다. 이 경우 국민기초생활보장법의 수급권자에 해당하는 중증장애인만이 자선·구호금품을 제공의 상대방에 해당하므로, 국민기초생활보장법의 수급권자에 해당하지 않는 중증장애인에게 자선·구호금품을 제공하는 경우는 기부행위로 처벌될 수 있다.

☞ 이것만은 꼭 기억하자!

국민기초생활보장법에 의한 수급권자인 중증장애인에게만 자선·구호금품을 제공할 수 있다.

위에 열거한 행위 중 (5) 자선사업을 주관·시행하는 국가·지방자치단체·언론기관·사회단체 또는 종교단체 그 밖에 국가기관이나 지방자치단체의 허가를 받아 설립된 법인 또는 단체에 의연금품·구호금품을 제공하는 행위는 기부행위가 아니다. 주의할 것은 국가·지방자치단체·언론기관·사회단체 또는 종교단체 등 모든 법인 또는 단체에 의연금품·구호금품을 제공할 수 있는 것이 아니다.

자선사업을 주관하거나 시행하는 기관이나 단체에게만 의연금품이나 구호금품을 제공할 수 있다. 자선사업을 주관·시행하는 기관이나 단체에 경로당 같은 복지시설은 포함되지 않는 것으로 보아야 한다. 따라서 경로당 같은 경우에 직접 의연금품이나 구호금품을 제공하는 행위는 기부행위에 해당하여 처벌될 수 있다. 또한 이 경우에도 자선사업의 대상이 되는 개인에게 직접 의연금품이나 구호금품을 제공해서는 안 되고, 반드시 자선사업을 주관하거나 시행하는 기관이나 단체를 통하여서만 의연금품이나 구호금품을 제공하여야 한다.

의연금품이나 구호금품을 기부받는 단체가 자선사업을 주관·시행하는 단체에 해당하는지는 단체의 성격이 자선사업과 직접적으로 관련이 있는지, 자선사업을 상시적으로 실시하는 단체인지 등을 기준으로 삼아서 판단하여야 할 것이고, 구체적으로는 단체의 정관이나 단체의 사업현황 등을 근거로 하여 판단하여야 할 것이다. 판례는 방범연합회, 지역 선거구민으로 구성된 봉사대, 영농회 등의 경우에 자선사업을 주관·시행하는 단체에 해당하지 않으므로 방범연합회, 지역 선거구민으로 구성된

봉사대, 영농회 등에 의연금품이나 구호금품을 제공하는 것은 기부행위라고 보고 처벌한 사례들이 있다.

국가기관이나 지방자치단체 등을 통해서 의연금품이나 구호금품을 제공할 수 있는 경우라 하더라도 자선사업이 광범위한 선거구민을 대상으로 하는 경우라면 제공하는 개별 물품 또는 그 포장지에 의연금품이나 구호금품을 제공하는 후보자의 직명·성명 또는 그 소속 정당의 명칭을 표시하지 말아야 한다. 따라서 자선사업이 광범위한 선거구민을 대상으로 하는 경우에는 후보자의 직명·성명 또는 그 소속 정당의 명칭을 표시하여 의연금품이나 구호금품을 제공하면 기부행위에 해당하여 처벌될 수 있다.

☞ **이것만은 꼭 기억하자!**
자선사업을 주관하거나 시행하는 기관이나 단체에게만 의연금품이나 구호금품을 제공할 수 있을 뿐이고 개인에게 직접 제공할 수는 없다.

위에 열거한 행위 중 (6) 자선·구호사업을 주관·시행하는 국가·지방자치단체, 그 밖의 공공기관·법인을 통하여 소년·소녀가장과 후원인으로 결연을 맺고 정기적으로 제공하여 온 자선·구호금품을 제공하는 행위는 기부행위가 아니다.

후보자들 중에는 봉사활동을 하면서 명절 등에 소년·소녀가장에게 자선을 베풀거나 구호금품을 제공하는 경우가 있다. 후보자들 중에는 늘

하던 일이어서 관성적으로 같은 행위를 하는 경우들이 있는데, 아무리 소년·소녀가장을 돕는 행위를 한다고 하더라도 공직선거법에서 정한 기준을 충족하지 못한다면 기부행위로 처벌될 수 있다. 공직선거법상 기부행위에 해당하지 않기 위해서는 두 가지 조건을 만족하여야 한다. 하나는 후보자가 자선·구호사업을 주관·시행하는 국가, 지방자치단체 등을 통하여 소년·소녀가장과 후원인으로 결연을 맺은 경우여야 한다. 또 하나는 후보자가 소년·소녀가장에게 정기적으로 자선·구호금품을 제공해왔던 경우여야 한다. 따라서 후보자가 소년·소녀가장을 개인적으로 알 뿐이거나 자선·구호금품을 부정기적으로만 제공했던 경우일 뿐이라면 소년·소녀가장에게 자선·구호금품을 제공하는 것은 기부행위에 해당되어 처벌될 가능성이 있다.

☞ 이것만은 꼭 기억하자!

국가 등을 통하여 후원인으로 결연을 맺은 소년·소녀가장에게만, 이전에 정기적으로 제공하던 자선·구호금품을 제공할 수 있다.

위에 열거한 행위 중 (7) 국가기관·지방자치단체 또는 구호·자선단체가 개최하는 소년·소녀가장, 장애인, 국가유공자, 무의탁노인, 결식자, 이재민, 「국민기초생활 보장법」에 따른 수급자 등을 돕기 위한 후원회 등의 행사에 금품을 제공하는 행위는 기부행위가 아니다. 주의할 것은 모든 후원회 등의 행사에 금품을 제공할 수 있는 것이 아니라, 국가기관·지방자치단체 또는 구호·자선단체가 개최하는 후원회 등의 행사에 제한된다. 후원회 등에 물품을 제공하는 경우에 개별 물품 또는 그 포장지에 후보자의 직명·성명 또는 그 소속 정당의 명칭을 표시하여 제공하는 행위는 허용되지 않아서 이런 경우 기부행위로 처벌될 수 있다.

☞ 이것만은 꼭 기억하자!

국가 등에서 소년·소녀가장 등을 돕기 위해 후원회 등의 행사에 금품을 제공하는 것은 허용되지만 소년·소녀가장 등에게 직접 제공할 수는 없다.

(8) 근로청소년을 대상으로 무료학교(야학을 포함한다)를 운영하거나 그 학교에서 학생들을 가르치는 행위는 기부행위가 아니다. 이 경우는 금품이 아니라 학생을 가르치는 용역과 관련한 내용이다. 학생을 가르치는 곳이 야학 등 무료학교라고 해서 모두 허용되는 것이 아니라, 근로청소년을 대상으로 하는 무료학교여야 한다. 따라서 성인을 대상으로 하는 무료 한글교실 같은 경우를 운영하거나 이런 곳에서 무상으로 수업을 하는 경우는 기부행위에 해당되어 처벌될 수 있다.

☞ 이것만은 꼭 기억하자!

근로청소년을 대상으로 하는 무료학교를 운영하거나 그 학교에서 가르치는 행위가 허용되는 것이지 모든 무료학교가 대상이 되는 것은 아니다.

6. 직무상의 행위는 기부행위가 아니다.

(1) 국가기관 또는 지방자치단체가 자체사업계획과 예산으로 행하는 법령에 의한 금품제공행위(지방자치단체가 표창·포상을 하는 경우 부상의 수여를 제외한다. 이하 나목에서 같다)

(2) 지방자치단체가 자체사업계획과 예산으로 대상·방법·범위 등을 구체적으로 정한 당해 지방자치단체의 조례에 의한 금품제공행위

(3) 구호사업 또는 자선사업을 행하는 국가기관 또는 지방자치단체가 자체사업계획과 예산으로 당해 국가기관 또는 지방자치단체의 명의를 나타내어 행하는 구호행위·자선행위

(4) 선거일 전 60일까지 국가·지방자치단체 또는 공공기관(「공공기관의 운영에 관한 법률」 제4조에 따라 지정된 기관이나 그 밖에 중앙선거관리위원회규칙으로 정하는 기관을 말한다)의 장이 업무 파악을 위한 초도순시 또는 연두순시차 하급기관을 방문하여 업무 보고를 받거나 주민 여론 등을 청취하면서 자체사업계획과 예산에 따라 참석한 소속공무원이나 임·직원, 유관기관·단체의 장과 의례적인 범위안의 주민대표에게 통상적인 범위 안에서 식사류(지방자치단체의 장의 경우에는 다과류를 말한다)의 음식물을 제공하는 행위

(5) 국가기관 또는 지방자치단체가 긴급한 현안을 해결하기 위하여 자체사업계획과 예산으로 해당 국가기관 또는 지방자치단체의 명의로 금품이나 그 밖에 재산상의 이익을 제공하는 행위

(6) 선거기간이 아닌 때에 국가기관이 효자·효부·모범시민·유공자등에게 포상을 하거나, 국가기관·지방자치단체가 관할구역 안의 환경미화원·구두미화원·가두신문판매원·우편집배원 등에게 위문품을 제공하는 행위

(7) 국회의원 및 지방의회의원이 자신의 직무 또는 업무를 수행하는 상설사무소 또는 상설사무소를 두지 아니하는 구·시·군의 경우 임시사무소 등 중앙선거관리위원회규칙으로 정하는 장소에서 행하거나, 정당이 해당 당사에서 행하는 무료의 민원상담행위

(8) 변호사·의사 등 법률에서 정하는 일정한 자격을 가진 전문직업인이 업무활동을 촉진하기 위하여 자신이 개설한 인터넷 홈페이지를 통하여 법률·의료 등 자신의 전문 분야에 대한 무료상담을 하는 행위

(9) 제114조제2항에 따른 후보자 또는 그 가족과 관계있는 회사가 영업활동을 위하여 달력·수첩·탁상일기·메모판 등 홍보물(후보자의 성명이나 직명 또는 사진이 표시된 것은 제외한다)을 그 명의로 종업원이나 제한된 범위의 거래처, 영업활동에 필요한 유관기관·단체·시설에 배부하거나 영업활동에 부가하여 해당 기업의 영업 범위에서 무료강좌를 실시하는 행위

(10) 물품구매·공사·역무의 제공 등에 대한 대가의 제공 또는 부담금의 납부 등 채무를 이행하는 행위

위에 열거한 행위 중 (1) ~ (6)은 국가기관, 지방자치단체 등이 하는 직무상 행위들 중 기부행위로 보지 않는 행위들을 열거한 것이다.

위에 열거한 행위 중 (7) 국회의원 및 지방의회의원이 자신의 직무 또는 업무를 수행하는 상설사무소 또는 상설사무소를 두지 아니하는 구·시·군의 경우 임시사무소 등 중앙선거관리위원회규칙으로 정하는 장소에서 행하거나, 정당이 해당 당사에서 행하는 무료의 민원상담행위는 기부행위가 아니다.

국회의원 및 지방의회의원의 경우 무료 민원상담행위가 자신의 직무 또는 업무를 수행하는 한도 내인 경우라면 허용되지만 그 범위를 넘어서는 경우에는 기부행위로 처벌될 수 있다. 국회의원 및 지방의회의원이 무료 민원상담행위를 할 수 있는 곳은 자신이 직무 또는 업무를 수행하는 상설사무소이거나 상설사무소를 두지 아니하는 구·시·군의 경우에는 임시사무소 등 중앙선거관리위원회규칙으로 정하는 장소이다. 중앙선거관리위원회규칙으로 정하는 장소는 국회의원 또는 지방의회의원이 자신의 직무 또는 업무를 수행하기 위하여 설치한 천막이나 주차된 자동차이어야 하고, 이 경우 장소의 개수는 상설사무소 또는 임시사무소를 두지 아니하는 구·시·군마다 모두 합하여 1개로 하며, 같은 날에는 이동하여 설치할 수 없다.

이와 관련하여 조문의 문구로만 보면 국회의원 또는 지방의회의원이 자신의 직무범위 내의 무료 민원상담행위는 자신의 직무 또는 업무를 수행하는 상설사무소나 공직선거법에서 허용하는 장소에서만 가능하다. 그러나 현실적으로는 상설사무소 등이 아닌 곳에서 무료 민원상담행위가 이루어지는 경우가 많고, 요즘은 특히 민원인을 찾아가는 경우도 많아서 정해진 장소가 아닌 곳에서의 무료 민원상담행위가 이전보다 많아졌다. 이런 경우를 기부행위라고 보아서 처벌을 할 것인지, 만약 기부행위라고 보더라도 위법성이 조각된다고 볼 것인지에 대해서는 의문이 있다.

☞ **이것만은 꼭 기억하자!**

국회의원이나 지방의회의원의 무료민원상담은 자신의 직무나 업무를 수행하는 상설사무소나 상설사무소가 없는 구·시·군에서 자신의 직무 또는 업무를 수행하기 위하여 설치한 천막이나 주차된 자동차에서만 가능하다.

위에 열거한 행위 중 (8) 변호사·의사 등 법률에서 정하는 일정한 자격을 가진 전문직업인이 업무활동을 촉진하기 위하여 자신이 개설한 인터넷 홈페이지를 통하여 법률·의료 등 자신의 전문 분야에 대한 무료상담을 하는 행위는 기부행위가 아니다.

변호사, 의사 등 법률에서 정하는 일정한 자격을 가진 전문직업인은 유료로 상담을 하는 것이 원칙적인 모습이어서, 전문직업인이 대가를 받지 않고 전문 분야에 대한 무료상담을 하는 것은 기부행위가 된다. 그러나 공직선거법은 전문직업인이 본인의 업무활동을 촉진하기 위하여 자신이 개설한 인터넷 홈페이지를 통하여서 하는 무료상담행위는 기부행위가 아니라고 하여 허용하고 있다. 따라서 인터넷 홈페이지를 통하지 않고 변호사인 후보자가 선거구민에게 무료상담을 하여 주는 경우는 기부행위가 된다.

이와 관련하여 대법원은 국회의원 선거에 출마하고자 하는 자가 자신의 변호사 사무소와는 별개인 연구소 사무실로 전화를 하거나 찾아온 선거구민들에게 무료법률상담을 해 준 행위 등은 기부행위로 처벌이 된다(대법원 2006. 4. 27. 선고 2004도4987 판결)고 판시하고 있다.

변호사 등 전문직업인의 무료상담이나 무료업무수행은 본인의 업무를 촉진하기 위하여 자신이 개설한 인터넷 홈페이지를 통한 경우가 아니면 기부행위에 해당된다.

위에 열거한 행위 중 (9) 제114조제2항에 따른 후보자 또는 그 가족과 관계있는 회사가 영업활동을 위하여 달력·수첩·탁상일기·메모판 등 홍보물을 그 명의로 종업원이나 제한된 범위의 거래처, 영업활동에 필요한 유관기관·단체·시설에 배부하거나 영업활동에 부가하여 해당 기업의 영업 범위에서 무료강좌를 실시하는 행위는 기부행위가 아니다.

이와 관련하여 후보자 또는 그 가족과 관계있는 회사가 홍보물을 제공하는 것이 기부행위가 아니기 위해서는 영업활동을 위해서 제공하는 경우에 국한되므로, 영업활동과는 무관하게 홍보물을 제공하는 행위는 기부행위로 처벌될 수 있다. 이때 제공할 홍보물은 달력, 수첩, 탁상일기, 메모판과 이에 준하는 정도의 물건이어야 할 것이어서 이 범위를 넘어서는 고가의 물품을 홍보물로 제공하는 것은 기부행위로 처벌될 수 있다. 다만 홍보물에는 후보자의 성명이나 직명 또는 사진이 표시되어서는 안 된다. 홍보물을 후보자 명의로 제공해서는 안 되고 회사 명의로 제공하여야 하고, 홍보물 제공의 상대방은 종업원이나 제한된 범위의 거래처, 영업활동에 필요한 유관기관·단체·시설 등에 국한되고 이 범위를 넘는 유관기관 등에 홍보물을 제공하는 행위는 기부행위가 되어 처벌될 가능성이 있다. 홍보물은 거래처, 유관기관, 단체, 시설에 제공되어 전달되는 것이 아니라, 거래처, 유관기관, 단체, 시설과 무관하게 그 구성원

개인에게 직접 홍보물이 제공되는 경우는 기부행위에 해당될 수 있다.

후보자 또는 그 가족과 관계있는 회사는 영업활동에 부가하여 해당 기업의 영업 범위에서 무료강좌를 실시하는 행위를 하는 것은 허용되어 기부행위로 처벌되지 않는다. 회사의 무료강좌가 기부행위가 되지 않기 위해서는 영업활동에 부가하여 하는 강의이어야 하고, 영업 범위에서만 무료강좌를 실시하여야 한다. 따라서 영업범위를 넘어서는 무료강좌는 기부행위가 되어 처벌될 수 있다.

☞ **이것만은 꼭 기억하자!**

후보자 등과 관계있는 회사가 홍보물을 제공하는 경우는 영업을 위한 활동이어야 하고, 무료강좌를 실시하는 경우는 영업활동에 부가된 것만 기부행위가 아니다.

위에 열거한 행위 중 (10) 물품구매·공사·역무의 제공 등에 대한 대가의 제공 또는 부담금의 납부 등 채무를 이행하는 행위는 기부행위가 아니다.

후보자가 주관하는 행사에 자원봉사자를 모집한 자원봉사자들에게 수고비 명목으로 금원을 지급한 경우 기부행위가 될 가능성이 있다. 다만, 자원봉사자가 자원봉사자를 모집한 애초의 목적과 다른 일을 더 담당하였거나, 자원봉사자가 하기로 예정되었던 업무량보다 훨씬 많은 양의 업무를 담당한 경우에 자원봉사자가 추가로 한 업무에 대하여 대가를 지급한 것은 기부행위가 되지 않을 가능성이 높다.

후보자가 행사를 주관하면서 사람들에게 행사에 참여할 것을 부탁하고 출장비 명목으로 금원을 지급한 경우에 참여자들이 행사에 참여하는 용역을 제공한 것에 대한 대가를 지급한 것으로 볼 수 있으면 기부행위가 아닐 것이다. 그러나 금원을 지급한 것이 행사에 참여한 자들이 행사에 참여하는 바람에 벌지 못한 당일 수입과 비용을 보전해 주려는 목적으로 지급된 것일 뿐이면 행사에 참석한 자들이 제공한 역무에 대한 대가로 보기 어려우므로 기부행위에 해당되어 처벌될 수 있다.

☞ 이것만은 꼭 기억하자!

역무에 대한 대가인 경우에는 기부행위가 아니지만, 역무에 대한 대가가 아니라 역무를 제공하는 바람에 발생하는 손실에 대한 보전인 경우는 기부행위가 아니다.

7. 법령의 규정에 근거하여 금품 등을 찬조·출연 또는 제공하는 행위는 기부행위가 아니다.

위 다.부터 바.까지의 행위 외에 법령의 규정에 근거하여 금품 등을 찬조·출연 또는 제공하는 행위는 기부행위가 아니다.

V
공직선거법상
기부행위 금지의 유형

1. 공직선거법의 규정

공직선거법은 금지되는 기부행위와 관련해서 제113조에서는 후보자 등은 기부행위를 할 수 없다고 규정하고 있다. 제114조에서는 정당 및 후보자의 가족 등은 기부행위를 할 수 없다고 규정하고 있다. 제115조에서는 제113조와 제114조에 규정된 자들을 제외한 일반인은 누구라도 기부행위를 할 수 없다고 규정을 하고 있다. 공직선거법은 기부행위를 할 수 없는 경우를 주체별로 3가지로 나누어 규정하고 있는데 각각의 경우는 기부행위금지기간, 선거와의 관련성 여부, 기부행위의 목적 등에서 차이가 난다.

2. 후보자와 배우자는 기부행위를 할 수 없다.

가. 공직선거법의 규정

공직선거법 제113조제1항은 "국회의원·지방의회의원·지방자치단체의 장·정당의 대표자·후보자(후보자가 되고자 하는 자를 포함한다)와 그 배우자는 당해 선거구 안에 있는 자나 기관·단체·시설 또는 당해 선거구의 밖에 있더라도 그 선거구민과 연고가 있는 자나 기관·단체·시설에 기부행위(결혼식에서의 주례 행위를 포함한다)를 할 수 없다"고 규정하고 있다.

공직선거법 제113조제1항에서 기부행위를 할 수 없는 자에는 국회의원, 지방의회의원, 지방자치단체의 장, 정당의 대표자, 후보자, 후보자가 되고자 하는 자, 그 배우자를 규정하고 있다. 사실 국회의원, 지방의회의원, 지방자치단체의 장, 정당의 대표자는 현재 정치를 하고 있는 사람들로서 모두 그런 것은 아니지만 대부분은 다음 선거에서 출마를 예정하고 있는 사람으로서 후보자가 되고자 하는 자로도 볼 수 있다. 따라서 특별한 경우를 제외하고는 후보자와 후보자가 되고자 하는 자가 기부행위금지와 관련되어 문제가 된다. 후보자와 후보자가 되고자 하는 자의 규율이 같다. 이하에서는 후보자와 후보자가 되고자 하는 자가 기부행위를 하는 경우에 대하여 살펴보되, 설명의 편의상 후보자와 후보자가 되고자 하는 자를 구분하지 않고 모두 후보자라 칭하고 설명한다. 이미 기부행위가 무엇인지에 대하여 살펴보면서도 후보자와 후보자가 되고자 하는 자를 구분하지 않고 후보자로 통칭하여 설명해 왔음을 여기서 밝힌다.

나. 후보자와 배우자는 기부행위를 할 수 없다.

공직선거법 제113조의 기부행위 금지는 후보자와 그 배우자가 기부행위를 하지 못하도록 하는 규정이다. 후보자에는 후보자가 되고자 하는 자를 포함하는 것으로 규정되어 있으므로 결국 현재는 후보자가 아니지만 이후 선거에 후보자가 될 의사를 가진 사람도 후보자에 포함된다. '선거에 후보자가 될 의사를 가진 사람'이란 정당에 공천신청을 하거나 입후보하기 위해 선거구민들에게 후보자 추천을 받는 자 등 입후보 의사를 외부에 확실하게 표현한 자뿐만 아니라, 만나는 사람이나 언행 등에 비추어 볼 때 객관적으로 선거에 출마할 사람으로 인식되는 사람도 포함된다. 결국 공직선거법 제113조와 관련하여 기부행위를 하면 처벌되는 범죄의 주체는 후보자, 후보자의 배우자, 후보자가 되고자 하는 자, 후보자가 되고자 하는 자의 배우자이다.

이와 관련하여 기부행위를 한 사람과 기부행위의 금품을 제공한 사람이 일치하지 않는 경우는 누가 기부행위자가 되는지가 문제이다. 만약 후보자가 친구에게 돈을 주고 친구에게 그 돈으로 선거구민에게 기부행위를 하게한 경우에 과연 후보자가 기부행위를 한 것으로 볼 수 있는가의 문제이다. 실제로도 후보자나 후보자가 될 자가 돈을 마련하여 다른 사람이나 단체에 주고 다른 사람이나 단체에서 기부행위를 하는 형식을 취하는 경우들이 종종 있는데 후보자가 기부행위로 처벌될 수 있는지 문제되는 경우가 많다.

대법원은 "공직선거법 제112조 제1항의 기부행위는 그에 의한 기부의 효과를 후보자 또는 후보자가 되려는 자에게 돌리려는 의사를 가지고 공직선거법 제112조 제1항에 규정된 사람에게 금품 등을 제공하는 것으로서 그 출연자가 기부행위자가 되는 것이 통례이지만, 그 기부행위를 한 것으로 평가되는 주체인 기부행위자는 항상 그 물품 등의 사실상 출연자에 한정되는 것은 아니다. 출연자와 기부행위자가 일치하지 않거나 외형상 기부행위에 함께 관여하는 듯이 보여서 어느 쪽이 기부행위자인지 분명하지 않은 경우에는 그 물품 등이 출연된 동기 또는 목적, 출연행위와 기부행위의 실행 경위, 기부자와 출연자 그리고 기부받는 자와의 관계 등 모든 사정을 종합하여 기부행위자를 특정하여야 한다. 따라서 공직선거법 제115조 위반의 주체는 위와 같은 사정을 종합하여 기부행위자로 평가되는 자에 해당하면 충분하고, 반드시 제공한 물품에 대한 소유권 또는 처분권을 가지는 자에 해당하여야 하는 것은 아니다"라고 판시하여 (대법원 2021. 6. 24. 선고 2019도13234 판결), 기부금품을 출연한 동기, 출연행위 및 기부행위의 실행 경위, 기부자와 출연자, 기부받는 자들 간의 관계 등 여러 사정을 모두 고려하여 기부행위가가 누구인지를 특정하고 있다.

○○시장이 자신의 돈으로 고등학교 동창들에게 선물로 나누어 주기 위해 수건과 손톱깎이 같은 기념품을 준비한 후 동창 송년회에서 동창회 회원들에게 선물을 나누어 주고, 이후 동창회비로 물품대금을 지급하였다 하더라도 ○○시장이 기부행위를 한 것으로 보고 처벌하였다(서울고등법원 2019. 1. 31. 선고 2018노2960 판결). 형식적으로는 새마을금고의 이사회의 결의에 따라 현직 구의원이 집행하는 형식으로 장학금, 노인정 개소

식 비용, 청년회 및 부녀회 지원비를 기부한 경우 실질적으로는 현직 구의원이 각 기부행위의 주체라고 판단한 경우도 있다(대법원 2005. 2. 18. 선고 2004도6323 판결).

☞ **이것만은 꼭 기억하자!**

공직선거법 제113조와 관련하여 기부행위를 하면 처벌되는 범죄의 주체는 후보자, 후보자의 배우자, 후보자가 되고자 하는 자, 후보자가 되고자 하는 자의 배우자이다.

다. 선거구에 있거나 선거구 밖에 있더라도 선거구민에게 영향을 줄 수 있는 사람은 기부행위의 상대방이 된다.

공직선거법은 '당해 선거구 안에 있는 자나 기관·단체·시설 또는 당해 선거구의 밖에 있더라도 그 선거구민과 연고가 있는 자나 기관·단체·시설'에 기부행위를 하지 말라고 하고 있을 뿐이므로 기부행위의 상대방이 선거권이 있는지 없는지는 문제 삼지 않는다.

여기서 당해 선거구 안에 있는 자란 선거구 내에 주소나 거소를 갖는 사람은 물론 선거구 안에 일시적으로 머무르는 사람도 포함된다(대법원 2018. 4. 10. 선고 2016도21171 판결).

선거구 밖에 있는 자라하더라도 선거구민과 연고가 있는 경우에는 기부행위의 상대방이 된다. 선거구민과 연고가 있는 것에 대하여는 이미 자세히 살펴보았다.

다만 기부행위 상대방이 되기 위해서는 현재 기부를 받을 수 있는 자이어야 하고, 단순히 잠재적으로만 기부를 받을 수 있는 경우는 기부행위 상대방이 될 수 없다. 따라서 기부행위의 상대방이 잠재적으로만 기부금품을 수령할 수 있을 뿐 실제적으로 기부금품을 수령할 수 없는 경우에 그러한 자에게 기부행위를 하겠다는 의사표시를 한 것으로는 기부행위금지 위반이 되지 않는다.

대법원 판례는 후보자가 "당선이 되면 ○○시장 급료 전액을 ○○시 재정력 향상과 지역인재 육성을 위한 장학회 발족에 기탁하고자 한다"라고 말한 것은 비록 그와 같은 기탁의 결과 ○○시민들이 ○○시 재정을 위하여 부담하여야 할 각종 세금 납부의무 등이 경감되고 불특정 다수의 ○○시민들이 장학금 수혜대상이 될 수 있는 기회가 제공된다고 하더라도 '○○시 선거구민 전체'는 추상적이고 잠재적인 수혜자가 될 수 있을지언정 기부행위 자체의 구체적이고 직접적인 상대방이라고 할 수 없으므로 피고인이 위와 같은 발언을 하여 ○○시 선거구민 전체를 상대로 기부행위를 하였다고 볼 수는 없다고 판시한 바 있고(대법원 2003.10.23. 선고 2003도3137 판결), △△군수 후보자가 기자회견에서 "향후 5년간 매년 100억 원씩 사재를 출연하여 장학재단을 설립하여, 대학에 진학하는 △△군 내 고등학교 졸업생 전원에게 장학금을 지급하겠다"고 발언 한 것은 대학에 진학하게 될 △△군 내 학생들을 구체적·직접적 상대방으로 한 금전 기타 재산상 이익 제공의 의사표시로 볼 수 없어서 공직선거법 제112조 제1항이 금지한 기부의 의사표시에 해당된다고 할 수 없다고 판단하였다(대법원 2011. 9. 29. 선고 2011도6554 판결).

당해 선거구 안에 있는 자나 당해 선거구의 밖에 있더라도 그 선거구민과 연고가 있는 자가 기부행위의 상대방이므로, 사실상 선거에 영향을 줄 수 있을 것으로 평가되면 모두 기부행위의 상대방이 된다.

라. 후보자가 선거와 무관하게 기부행위를 해도 기부행위금지 위반이 될 수 있다.

후보자가 공직선거법 제113조의 기부행위 금지 위반이 되기 위해서는 당해 선거에 관하여라는 요건은 필요하지 않다. 따라서 후보자의 기부행위가 선거와 무관한 경우라도 후보자는 기부행위 금지 위반으로 처벌될 수 있다.

군청 행사와 관련한 모임에서 기자들 사이에 싸움이 발생하였는데, 군수가 기자들 간의 싸움으로 상해를 입은 기자에게 위로금을 전달한 경우 선거와 관련이 없었다고 보이지만, 군수의 위로금 전달을 기부행위금지 위반으로 판단한 하급심 판례가 있다.

후보자의 기부행위가 선거와 무관한 경우에도 기부행위 금지 위반으로 처벌될 수 있다.

마. 기부행위금지에 위반하더라도 위법하지 않은 경우가 있다.

후보자가 한 기부행위가 공직선거법 제112조제2항에 해당하는 경우는 기부행위가 아니어서 후보자는 처벌되지 않는다. 그러나 후보자가 한 기부물품 제공행위가 공직선거법 제112조제2항에 해당하지 않아서 금지되는 기부행위라고 판단되더라도 모든 기부행위가 처벌되는 것은 아니다. 후보자의 기부행위가 사회상규에 위배하지 않는다면 위법성이 조각되는 경우도 있다. 대법원 판례도 공직선거법 제112조 제1항에 해당하는 금품 등 제공행위가 같은 법 제112조 제2항 등에 규정된 의례적 행위나 직무상 행위에 해당하지 않더라도, 그것이 지극히 정상적인 생활형태의 하나로서 역사적으로 생성된 사회질서의 범위 안에 있는 것이라면 의례적 행위나 직무상의 행위로서 사회상규에 위배되지 아니하여 위법성이 조각된다고 판시하고 있다(대법원 2017. 4. 28. 선고 2015도6008 판결).

피고인인 군의회 의원선거 후보자가 마을회관 건립기금 100만 원을 마을 이장에게 교부한 사안에서, 마을회관 건립에는 4,500만 원 가량의 총 공사비가 소요되는데, 군에서 1,000만 원을 보조받고 그 나머지는 100여 명이 3,500여만 원을 찬조한 사실, 찬조자들 중 30여 명만이 마을 주민이고 나머지 70여 명은 출향인사로서 마을 이외의 지역에서 거주하는 사람들이고, 100만 원 이상 찬조자는 15명 정도인 사실, 피고인은 마을 이장과 촌장으로부터 3~4회가량 찬조 권유를 받고 100만 원을 찬조를 하게 되었으며, 피고인의 사회경제적 지위 등에 비추어 볼 때 판시 군의회 의원 선거가 없었다고 하더라도 피고인이 같은 금액의 경비 정도는 찬조하였을 것으로 보이고, 피고인이 찬조를 함에 있어 피고인의 군의회의원 선거 출마와 관련된 지지 부탁 등을 한 사실이 없는 점 등을 감안하여 일반인의 건전한 상식과 사회통념에 비추어 보면 피고인의 마을회관 건립 경비 찬조행위는 마을이 고향인 피고인의 일종의 의례적 행위로서 사회상규에 위배되지 아니하는 행위에 해당하여 위법성이 조각된다고 봄이 상당하다고 할 것이라고 판단을 하여(대법원 2003. 8. 22. 선고 2003도1697 판결), 군의회 의원선거 후보자가 100만 원을 기부한 것을 위법성이 조각되어 기부행위로 처벌하지 않은 사례가 있다.

그러나 마을회관 겸 경로당 준공식장에서 후보자가 '○○○○ 마을회관 준공기념 1997. 12. 15.'이라는 표시와 함께 '리장 후보자'라는 후보자의 직함과 성명의 표시가 되어 있는 수건을 배포한 경우는 위법성이 조각되는 사안이 아니라고 하여 기부행위로 처벌한 경우가 있다(대법원 1999. 5. 11. 선고 99도499 판결).

☞ **이것만은 꼭 기억하자!**
후보자가 기부행위금지에 위반하는 경우라도 경우에 따라서는 사회상규에 위반하지 않아서 위법성이 조각되어 처벌하지 않는 경우가 있다.

3. 후보자의 가족, 선거사무장 등은 기부행위를 할 수 없다.

가. 공직선거법의 규정

공직선거법 제114조제1항은 정당[「정당법」 제37조제3항에 따른 당원협의회와 창당준비위원회를 포함한다.], 정당선거사무소의 소장, 후보자(후보자가 되고자 하는 자를 포함한다.)나 그 배우자의 직계존·비속과 형제자매, 후보자의 직계비속 및 형제자매의 배우자, 선거사무장, 선거연락소장, 선거사무원, 회계책임자, 연설원, 대담·토론자나 후보자 또는 그 가족(가족의 범위는 제10조제1항제3호에 규정된 "후보자의 가족"을 준용한다)과 관계있는 회사 그 밖의 법인·단체(이하 "회사 등"이라 한다) 또는 그 임·직원은 선거기간 전에는 당해 선거에 관하여, 선거기간에는 당해 선거에 관한 여부를 불문하고 후보자 또는 그 소속정당을 위하여 일체의 기부행위를 할 수 없다고 규정하고 있고, 이 경우 후보자 또는 그 소속정당의 명의를 밝혀 기부행위를 하거나 후보자 또는 그 소속정당이 기부하는 것으로 추정할 수 있는 방법으로 기부행위를 하는 것은 당해 선거에 관하여 후보자 또는 정당을 위한 기부행위로 본다고 규정하고 있다.

기부행위의 상대방이나 위법성 조각사유 등은 이미 앞에서 본 제113조의 기부행위금지에서 설명한 내용과 같아서 생략한다.

나. 후보자의 직계존비속 및 배우자, 선거사무장, 선거사무소의 회계책임자 등은 기부행위를 할 수 없다.

공직선거법 제114조의 기부행위를 할 수 없는 자는 정당, 정당선거사무소의 소장, 후보자나 그 배우자의 직계존·비속과 형제자매, 후보자의 직계비속 및 형제자매의 배우자, 선거사무장, 선거연락소장, 선거사무원, 회계책임자, 연설원, 대담·토론자나 후보자 또는 그 가족과 관계있는 회사 그 밖의 법인·단체 또는 그 임·직원이다.

이중에서 선거현장에서 후보자와 긴밀하게 연관된 경우는 후보자나 그 배우자의 직계존·비속과 형제자매, 후보자의 직계비속 및 형제자매의 배우자, 선거사무장, 선거연락소장, 선거사무원, 회계책임자, 연설원, 대담·토론자나 후보자 또는 그 가족과 관계있는 회사 그 밖의 법인·단체 또는 그 임·직원이다.

후보자와 그 배우자는 공직선거법 제113조에서 기부행위를 할 수 없다고 규정하고 있고, 후보자와 후보자의 배우자와 일정한 가족관계가 있는 자는 공직선거법 제114조에서 기부행위를 할 수 없다고 규정하고 있다. 후보자와 후보자의 배우자와 일정한 가족관계가 있는 자는 ① 후보자의 직계존손(예: 후보자의 부모님), ② 후보자의 직계비속(예: 후보자의 자녀), ③ 후보자의 형제자매, ④ 후보자 배우자의 직계존손(예: 후보자의 장인, 후보자의 시아버지), ⑤ 후보자 배우자의 비속(예: 후보자의 자녀가 아닌 후보자 배우자만의 자녀), ⑥ 후보자 배우자의 형제자매(예: 후보자의 처제, 후보자의 시누이), ⑦ 후보자의 직계비속의 배우자(예: 후보자의 며느리, 후보자의 사위), ⑧ 후보자의 형제자매의 배우자(예: 후보자의 형수, 후보자의 올케, 후보자의 매형, 후보자의 형부)이다.

⑦, ⑧과 관련하여 후보자의 직계비속 및 형제자매의 배우자를 기부행위를 할 수 없는 자로 규정하고 있다. 그러나 후보자의 배우자의 직계비속 및 형제자매의 배우자는 규정되어 있지 않으므로 후보자의 동서, 후보자의 처남댁 등이 기부행위를 한 경우 공직선거법 제114조 위반이 되지 않는다. 다만 공직선거법 제115조 위반이 되어 기부행위금지 위반으로 처벌될 수 있다는 것을 유의하여야 한다.

또한 공직선거법 제114조는 후보자 또는 그 가족과 관계있는 회사 그 밖의 법인·단체 또는 그 임·직원은 기부행위를 할 수 없다고 규정을 하여 후보자나 후보자의 가족과 관계가 있는 회사나 회사의 임직원이 기부행위를 하는 것을 금지하고 있다.

여기서 "후보자의 가족"은 후보자의 배우자와 후보자 또는 그 배우자의 직계존·비속과 형제자매나 후보자의 직계비속 및 형제자매의 배우자를 의미한다. 그리고 "후보자 또는 그 가족과 관계있는 회사 등"이라 ① 후보자가 임·직원 또는 구성원으로 있거나 기금을 출연하여 설립하고 운영에 참여하고 있거나 관계법규나 규약에 의하여 의사결정에 실질적으로 영향력을 행사할 수 있는 회사 기타 법인·단체, ② 후보자의 가족이 임원 또는 구성원으로 있거나 기금을 출연하여 설립하고 운영에 참여하고 있거나 관계법규 또는 규약에 의하여 의사결정에 실질적으로 영향력을 행사할 수 있는 회사 기타 법인·단체, ③ 후보자가 소속한 정당이나 후보자를 위하여 설립한 「정치자금법」에 의한 후원회를 포함한다.

이와 관련되어 문제되는 것이 후보자가 위의 회사 그 밖의 법인·단체의 임·직원인 경우 회사의 자금을 이용하여 기부라는 사실행위를 후보자가 한 경우 공직선거법 제113조의 후보자 기부금지 규정을 적용할 것인지, 제114조의 회사 등 기부금지 규정을 적용할 것인지가 문제된다. 판례들은 기본적으로 후보자가 회사 등의 소속 혹은 집행기관으로 기부행위를 한 것이면 회사에서 기부행위를 한 것으로 보아 공직선거법 제114조를 적용한다. 그러나 형식적으로는 회사 등의 행위로 보이지만 실질적으로는 후보자가 기부행위를 한 것으로 판단되면 공직선거법 제113조를 적용한다.

공직선거법 제114조는 후보자의 선거운동과 관련된 선거사무장, 선거연락소장, 선거사무원, 회계책임자, 연설원, 대담·토론자의 기부행위도 금지하고 있다.

공직선거법 제114조에서 규정하고 있는 기부행위가 허용되지 않는 자가 후보자에게 의미가 있는 이유는 선거사무장·선거사무소의 회계책임자 또는 후보자의 직계존비속 및 배우자가 해당 선거에 있어서 기부행위를 한 죄를 범함으로 인하여 징역형 또는 300만 원 이상의 벌금형의 선고를 받은 때에는 후보자의 당선이 무효가 되기 때문이다. 따라서 후보자는 후보자의 직계존비속 및 배우자, 선거사무장, 선거사무소의 회계책임자의 경우에는 기부행위를 하지 않도록 더욱 주의를 기울여야 한다.

후보자의 당선이 무효가 되게 할 수 있는 후보자의 직계존비속 및 배우자, 선거사무장, 선거사무소의 회계책임자의 기부행위금지에 위반에 대하여는 더욱 신경을 써야 한다.

다. 기부행위를 한 시점에 따라서 기부행위와 선거의 관련성이 달라진다.

공직선거법 제114조에 규정된 자가 하는 기부행위가 선거기간 전에 이루어진 경우는 기부행위를 당해 선거에 관하여 한 경우에 금지되고, 선거기간 중에 이루어지는 기부행위는 당해 선거에 관한 여부를 불문하고 금지된다.

"당해 선거에 관하여"라 함은 "당해 선거"를 위한 선거운동이 되지 아니하더라도 "당해 선거"를 동기로 하거나 빌미로 하는 등 당해 선거와 관련이 있으면 족하다(대법원 1996. 6. 14. 선고 96도405 판결)는 것이 우리 대법원의 기본적 입장이다. 대법원은 기부활동에 선거관련성이 있는지 여부는 구체적·개별적인 사건에 있어서 해당 기부행위의 취지, 기부행위 전반에 후보자 개인이 드러나는지 여부, 후보자와 단체와의 관계, 기부행위의 시기 및 방법, 기부행위의 상대방, 기부행위의 내용 및 가액, 기부행위가 의례적·관행적으로 행하여진 것인지 여부, 기부행위의 효과 등을 종합적으로 고려하여 판단하여야 한다는 기준을 제시하고 있다(대전고등법원 2015. 6. 17. 선고 2015노155 판결, 대법원 2015. 10. 29. 선고 2015도9784 판결로 확정됨).

선거기간 전에 한 기부행위가 선거운동에 이르면 당연히 사전선거 운동으로도 처벌되고 당해 선거 관련성이 인정되어 기부행위 금지에도 해당될 가능성이 높을 것이다. 그러나 선거기간 전에 한 기부행위가 선거운동에 이르지 않는다면 당해 선거와 관련하여 기부행위를 한다는 동기 정도는 인정되어야 할 것이다. 당해 선거 관련성이 있는지에 대한 실제 사건에서 후보자가 임원으로 있는 단체가 기부행위를 하였지만, 문제된 기부행위는 당해 선거가 실시되기 1년 전에 완료되고, 기부행위가 완료된 시점부터 몇 달이 지난 후부터 구체적인 선거 준비활동을 시작하여, 적어도 문제된 기부행위 당시까지는 선거와 관련하여 본격적인 준비활동을 시작한 것이 아니어서 기부행위는 당해 선거와 관련이 없다고 판단한 사례가 있다(대전고등법원 2015. 6. 17. 선고 2015노155 판결, 대법원 2015. 10. 29. 선고 2015도9784 판결로 확정됨).

☞ **이것만은 꼭 기억하자!**

선거기간 전후로 기부행위와 당해 선거의 관련성의 필요한지가 달라진다. 기부행위가 당해 선거와 관련성이 있다는 것이 선거운동에까지 이르러야 하는 것은 아니다.

라. 후보자를 유리하게 하는 기부행위가 금지된다.

공직선거법 제114조의 기부행위를 할 수 없는 자들은 후보자 또는 그 소속정당을 위하여 일체의 기부행위를 할 수 없다고 규정하고 있다. 후보자의 가족 등이 기부행위를 할 때 후보자 또는 소속정당을 유리하도록 하기 위해 기부행위를 하는 것을 금지하고 있다. 후보자의 가족 등이 기부행위를 할 때 후보자를 유리하게 하는 경우가 아니라면 선거에 영향을 주는 행위가 아니라 할 것이므로 처벌을 할 필요가 없다. 이와 관련하여 공직선거법은 후보자 또는 그 소속정당의 명의를 밝혀 기부행위를 하거나 후보자 또는 그 소속정당이 기부하는 것으로 추정할 수 있는 방법으로 기부행위를 하는 것은 당해 선거에 관하여 후보자 또는 정당을 위한 기부행위로 본다고 규정하고 있다.

공직선거법 제114조의 사례는 아니지만, 후보자 또는 그 소속정당이 기부하는 것으로 추정할 수 있는 방법이 어떤 의미인지 참고할 만한 판례를 하나 소개한다. "도의회의원 선거에 출마하려는 단위 농업협동조합장이 위 조합에서 자신의 선거구가 포함된 읍 지역 노인들을 모집하여 노인대학을 개설하고 노인대학 학생 110명에 대하여 위 조합의 경비로 금 1,800,000원을 부담하여 민속촌 관광을 실시하면서 출발 장소에 나가 노인들에게 인사를 하는 한편, 위 조합 회의실에서 개최한 수료식장에서도 자신의 주관 하에 위와 같은 행사를 시행한 것처럼 인사를 하였다면, 위 조합의 조합장으로서 임원인 피고인이 당시 위 선거의 후보자가 되려고 하던 자신의 명의를 추정할 수 있는 방법으로 기부행위를 한 것이다"
(대법원 1996. 5. 10. 선고 96도620 판결).

☞ **이것만은 꼭 기억하자!**

> 후보자의 가족 등이 기부행위를 할 때 후보자를 유리하게 하는 경우가 아니라면 처벌
> 을 할 필요가 없다.

4. 후보자와 관계가 없는 자라도 기부행위를 해서는 안 되는 경우가 있다.

공직선거법 제115조는 제삼자의 기부행위제한이라는 표제 하에 제
113조(후보자 등의 기부행위제한) 또는 제114조(정당 및 후보자의 가족 등의 기부행위제
한)에 규정되지 아니한 자라도 누구든지 선거에 관하여 후보자(후보자가 되
고자 하는 자를 포함한다) 또는 그 소속정당(창당준비위원회를 포함한다)을 위하여 기
부행위를 하거나 하게 할 수 없다. 이 경우 후보자 또는 그 소속정당의
명의를 밝혀 기부행위를 하거나 후보자 또는 그 소속정당이 기부하는 것
으로 추정할 수 있는 방법으로 기부행위를 하는 것은 당해 선거에 관하
여 후보자 또는 정당을 위한 기부행위로 본다고 규정하고 있다.

공직선거법 제115조는 후보자나 후보자와 가족관계나 선거사무 등
과 관련이 없는 사람이 후보자를 위하여 기부행위를 하는 것을 처벌하는
규정이다. 다만 공직선거법 제113조와 제114조에 규정된 자들은 각각의
조문의 적용을 받으므로 제115조가 적용되지 않는다. 결국 기부행위를
할 수 없는 자에 대한 제한이 없다.

후보자가 돈을 주어 전달만 한 경우에 전달자를 공직선거법 제115조를 위반한 것으로 보아 처벌할지가 문제 된다. 대법원은 기부금품을 전달하는 자가 자신은 전달자에 불과하다는 사실을 명백히 밝히고 후보자가 준 돈을 연극제에 기탁한 사안에서 ① 전달자가 위 돈의 출연자는 다른 사람이고 자신은 전달자에 불과하다는 사실을 명백히 밝힌 점, ② 전달자는 위 돈을 연극제 행사 등 공식적인 자리에서 전달한 것이 아니라 자신의 사무실에서 전달하였고, 그 상대방도 춘천연극제 간부 4명에 불과하였던 점, ③ 춘천연극제는 이 사건 이전에도 위 돈의 출연자의 역할에 의해 5,000만 원을 기탁받은 바 있었고 그 답례로 추석 선물을 보내기도 하였으므로, 피고인으로부터 위 2,000만 원을 받은 춘천연극제 간부들도 위 돈의 출연자의 존재를 잘 알고 있었던 점 등의 사정을 종합하여 보면, 전달자에게 위 기부의 효과를 자신에게 돌리려는 의사가 있었다고 단정하기 어렵다는 이유로 전달자에게 기부행위에 대하여는 무죄를 선고했다(대법원 2010. 4. 15. 선고 2009도11146 판결).

기부행위의 상대방이나 위법성 조각사유, 선거에 관하여, 후보자를 위하여 등은 이미 앞에서 본 제113조와 제114조의 기부행위금지에서 설명한 내용과 같아서 생략한다.

5. 대담·토론회 주최자 등에게 기부행위를 해서는 안 된다.

공직선거법은 제81조제6항에서 정당, 후보자, 대담·토론자, 선거사무장, 선거연락소장, 선거사무원, 회계책임자 또는 제114조(정당 및 후보자의 가족 등의 기부행위제한)제2항의 후보자 또는 그 가족과 관계있는 회사 등은 제1항의 규정에 의한 대담·토론회와 관련하여 대담·토론회를 주최하는 단체 또는 사회자에게 금품·향응 기타의 이익을 제공하거나 제공할 의사의 표시 또는 그 제공의 약속을 할 수 없다고 규정을 하고 있고, 제82조제4항에서는 언론기관의 후보자 등 초청 대담·토론회에 이를 준용한다고 규정을 하고 있다.

대담·토론회 주최자 등에게 기부행위를 할 수 없는 자는 정당, 후보자, 대담·토론자, 선거사무장, 선거연락소장, 선거사무원, 회계책임자, 후보자 또는 그 가족과 관계있는 회사·법인·단체·후원회이다. 그리고 기부행위의 상대방은 대담·토론회를 주최하는 단체, 언론기관과 토론회의 사회자이다.

여기서 '대담·토론회와 관련하여'라고 하는 것은 대담·토론회를 개최할 것을 정하고, 그 진행을 하고, 그와 관련한 보도를 하는 등 대담·토론회와 관련된 모든 사항과 관련하여라고 이해를 해야 한다. 대담·토론회와 관련되기만 하면 선거와의 관련성은 문제 삼지 않는다.

에필로그

"현수막을 ○○동 사거리에 걸어도 될까요?", "그럼 현수막에 이 문구는 넣어도 될까요?", "공보물에 도지사님과 찍은 이 사진을 실으면 어때요?", "인터넷 카페 '○○동을 사랑하는 모임'에 후보자 지지글 올립시다!", "어제 ○○단체 회장님 오셨다 가셨는데 ○○단체에서 지지한다는 보도자료 내도 되겠죠?", "후보자 명함 한 상자 주세요. 저희가 아파트 단지에 돌려도 되나요?"

정신없이 돌아가는 선거캠프와 선거현장은 후보자를 포함한 선거 관계인들의 당선을 향한 강한 열망과 지지자들의 열정으로 항상 뜨겁다. 현장에서 오고 가는 순간순간의 대화들 속에는 항상 공정한 선거를 위해 지켜야하는 '선거의 룰'이 담겨 있다. 현장이 뿜어내는 뜨거운 에너지에 사로잡혀 순간 내린 잘못된 판단은 많은 사람들이 쏟아 부은 오랜 시간의 노력을 한 순간에 헛수고로 만들어 버리기도 한다.

이 책은 선거캠프와 선거현장에서의 경험을 바탕으로 시 · 도의원 및 시도지사 등 지방자치단체장 선거, 국회의원 선거, 대통령 선거 등 다양한 선거를 위한 선거법 자문과 선거소송을 담당했던 저자들이 의기투합해서 만들어진 책이다. 선거 과정에서 마주하는 다양한 상황들은 선거법 위반 여부를 명확히 판단할 수 있는 선거법 규정이 존재하기도 하지만 때로는 전문가들을 통한 법규의 해석과 선거관리위원회 등 관련기관의 유권해석이 필요한 선거법의 경계선상에 있기도 하다. 그렇기에 이기는 선거 뿐 아니라 지키는 선거를 하기 위해서는 선거법을 알아야 한다. 아는 만큼 보인다고 하지 않았던가!

코로나19 팬데믹으로 우리 삶의 많은 부분이 바뀌었다. 침체와 상처를 넘어서서 우리의 내일을 더 나은 삶으로 바꿔줄 수 있는 선거가 '그들만의 선거'가 아니라 '우리를 위한 선거'가 되기를 희망한다. 우리의 한 표가 내일을 바꾸는 한 표의 귀중한 가치를 실현할 수 있는 그 현장에 '선거법'의 준수가 튼튼히 자리잡기를 바란다.

　벚꽃이 피었다가 지는 줄도 모르고 책의 집필에 몰두해 온 공동저자들과 이 책의 기획 과정부터 출판까지 응원을 아끼지 않았던 매일경제신문 홍성용 기자님, 선거현장의 풍부한 경험을 바탕으로 훌륭한 조언을 더해 준 SBS 박정경 작가님과 조은별 변호사님, 강인애 디자이너님께 감사드린다. 끝으로 이 책이 세상에 나와 독자들과 좋은 인연을 맺을 수 있도록 함께 해 준 파지트의 송준기 대표님과 윤소연 편집자님께 깊은 감사의 마음을 전한다.

봄 내음 가득한 저녁 서초동 사무실에서

김 지 은 변호사